_____ 님의 소중한 미래를 위해
이 책을 드립니다.

경제기사를 읽으면
주식투자가
쉬워집니다。

경제기사를 읽으면 주식투자가 쉬워집니다.

박지수 지음

메이트북스

메이트북스 우리는 책이 독자를 위한 것임을 잊지 않는다.
우리는 독자의 꿈을 사랑하고,
그 꿈이 실현될 수 있는 도구를 세상에 내놓는다.

경제기사를 읽으면 주식투자가 쉬워집니다

초판 1쇄 발행 2020년 12월 1일 | **초판 4쇄 발행** 2021년 2월 1일 | **지은이** 박지수
펴낸곳 (주)원앤원콘텐츠그룹 | **펴낸이** 강현규·정영훈
책임편집 유지윤 | **편집** 안정연·오희라 | **디자인** 최정아
마케팅 김형진·차승환·정호준 | **경영지원** 최향숙·이혜지 | **홍보** 이선미·정채훈
등록번호 제301-2006-001호 | **등록일자** 2013년 5월 24일
주소 04607 서울시 중구 다산로 139 랜더스빌딩 5층 | **전화** (02)2234-7117
팩스 (02)2234-1086 | **홈페이지** www.matebooks.co.kr | **이메일** khg0109@hanmail.net
값 16,000원 | **ISBN** 979-11-6002-309-1 [03320]

이 도서의 국립중앙도서관 출판시도서목록(CIP)은 e-CIP홈페이지(http://www.nl.go.kr/ecip)에서
이용하실 수 있습니다.(CIP제어번호 : CIP2020044447)

인생이라는 전투에서는
늘 빠르고 센 사람이 이기는 건 아니다.
이길 수 있다고 생각하는 사람이 이긴다.

– 데일 카네기 『성공대화론』 –

매일 시간에 쫓기는 일을 하다 보니 제대로 된 투자 공부를 할 기회가 적었다. 오늘 내일 미루며 계속 망설이다가 딱 한권이라도 읽어야겠다는 생각이 들 때쯤 이 원고를 받아보았다. 저자의 제언대로 시작해보니 매일 쌓이기만 하던 경제신문이 새롭게 보이고 주식 관련 기사들이 조금씩 읽히기 시작했다. 이번 책이 제시한 4주짜리 플랜과 일년짜리 플랜을 한걸음씩 따라하며 '팩트'를 '인사이트'로 바꿔 나가는 연습을 하려고 한다. **전주 본병원 송하헌 원장**

나는 조금 조심스런 성격이라 누군인지도 잘 모르는 사람들의 추천을 잘 믿지는 않는다. 차라리 어느 정도 검증된 기자, 편집자 들이 고르고 취재하고 정리해준 경제기사가 큰 흐름과 팩트를 보기에는 좋다고 생각한다. 일시적인 급등에 사람들이 몰리는 투기가 아니라, 좋은 기업을 키워간다는 마음으로 제대로 된 투자를 하고 싶었다. 막연했던 나의 생각이 실현 가능하도록 이 책은 구체적인 방법을 제시하고 있다. 나를 비롯한 주린이들에게 추천하고 싶다. **대한상사중재원 권희환 팀장**

매일 작가가 정리해주는 경제기사를 빠짐없이 읽으며 출근 시간을 재테크를 위한 명상 시간으로 활용하고 있다. 경제기사를 읽으며 이는 비단 재테크 공부뿐만 아니라 결국 돈의 흐름으로 귀결되는 사회 전반에 대한 통찰을 얻는 데도 무척 효과가 있다는 사실을 알았다. 뉴노멀 시대, 나만 모르는 이 시대의 변화를 날씨 예보처럼 알려주는 게 경제기사다. 이 책을 통해 사회의 흐름을 나의 이익으로 가져오는 법을 알게 되기를 소망한다. **아스트라제네카코리아 정현진 본부장**

저자가 2년 가까이 매일 경제기사를 요약하고 풀이해서 SNS에 꾸준히 올리고 소통하는 모습을 봐왔다. 주식투자에도 스스로 배워 익힌 것으로 자신만의 원칙을 세우고 투자하라고 격려하는 인간적인 모습에 더욱 믿음이 갔다. 이 책은 경제기사 읽는 스킬에 대한 노하우를 정말 아낌없이 풀었고, 그 설명법이 정교하고 재미있어 많은 이들의 흥미를 끌 것으로 생각한다. 주식을 시작하는 주린이들에게 경제기사와 친해지는 것을 시작으로 재테크 인사이트를 찾을 수 있도록 힘이 되어주는 책이다. **초등학교 박지희 교사**

부에 대한 인식의 전환. 주식을 대하는 생각과 전략의 변화에 큰 영향을 준 책이라 말하고 싶다. 이 세상의 경제 기본 법칙 중 하나인 '희소성'에 대해 깨우침을 주는 내용들로 가득 차 있어서 읽는 내내 수많은 생각들과 감탄들로 어떻게 시간이 지나갔는지 모를 정도였다. 쉽지만 어렵다는 말이 있다. 수많은 경제 관련 서적들과 정보들 속에서 자기에게 맞는 길을 찾고 묵묵히 나아가기란 여간 어려운 일이 아니다. 이 책이 쉽지만 어려운 그 과정들에 작은 촛불과 같은 역할을 할 것이라 감히 자신한다. **삼성전자 백건우 연구원**

경제기사를 바탕으로 한 주식투자를 위한 책이다. 수많은 정보의 파편 중에서 돈이 되는 기사를 따로 모아 두고 그 파편을 하나씩 올바르게 배치하며 흐름을 찾고 투자를 할 수 있게 돕는다. 주식투자를 처음 하는 사람이라면 누구나 궁금해 할 것들을 경제기사 안에서 찾은 인사이트로 답해준다. 무엇보다 나와 같은 직장인이었던 작가가 스스로 공부하고 부딪히고 깨지면서 알게 된 것들을 나누어준다는 것에 더 신뢰가 간다. 이 책의 2부처럼 기사를 읽는 방법론을 구체적으로 제공하는 것은 ONLY ONE이지 않을까 한다.
직장생활연구소 손성곤 대표

나의 투자는 박지수 작가님을 알기 전과 후로 나뉜다. 투자에 임하는 마음가짐이 완전히 달라졌다. 변동성이 심한 주식시장에서 '신문읽기'를 통해 나만의 중심을 가지고 판단할 수 있는 방법을 알려주셨다. 신문에 흩어져 있는 정보들을 하나로 꿰어 투자적 사고로 이어지게 하는 작가님만의 인사이트와 노하우를 이번 신작에서 어떻게 풀어주실지 매우 궁금하다. **이은비(CJ, 20대)**

투자를 위해 경제기사를 읽기 시작했다. 저자가 온라인으로 진행한 '신문읽기 특훈' 1기를 통해 경제기사를 접하기 시작했으며, 신문에서 얻은 정보들을 기준으로 조금씩 투자를 하고 있다. 코로나19로 어수선했던 2020년 주식시장을 경제기사와 함께 잘 보낼 수 있게 해준 저자에게 감사드린다.
손성호(LG디스플레이, 20대)

박지수 작가의 『어려웠던 경제기사가 술술 읽힙니다』를 통해 경제기사를 전반적으로 읽고 활용하는 방법을 배웠다. 하지만 아직 주식투자는 어려울 것 같다는 생각에 직접 하지는 못했다. 이번 신간을 통해 실전투자에서 경제기사를 활용하고 공부하는 법을 배우고 싶다. **이정우(대학생, 20대)**

아기를 낳고 나서 경제적 자유에 대해 더 많은 관심과 노력을 기울이는 요즘 재테크의 기본인 신문읽기와 주식을 묶은 책이 출간된다니! 이건 정말 놓칠 수 없다! 주린이다보니 아직 섣부른 판단을 할 때가 많고 인사이트가 부족함을 느낀다. 이 부분을 채우고자 작가님의 블로그와 인스타그램을 참고하며 경제신문을 읽고 있다. 이에 더해 이 책을 통해 경제기사 접근법과 활용법을 효율적으로 습득해 주식투자에 적용할 수 있단 생각을 하니 발전할 내 모습이 너무 기대된다! **이경진(서울교통공사, 30대)**

주식투자에 대해서 코스피냐 나스닥이냐, 또는 가치투자냐, 단타투자냐에 대해서 말들이 많다. 요즘은 이렇듯 주변에서 주식 얘기들이 많이 들린다. 이런 때 주식투자에 대한 코어를 든든하게 잡아줄 작가님의 신간이 나온다고 하니 너무 기대된다. 일도 충실히 해내고 재테크도 똑똑하게 챙기고 싶은 워킹맘들이라면 이 책은 묻지도 따지지도 않고 읽어야 한다고 강력 추천한다!
정인애(푸르덴셜생명, 30대)

'신문읽기'를 하고 나서부터 남들보다 재테크에 늦게 입문했다고 초조해 하지도, 좌절하지도 않고 나만의 스텝으로 가기 시작했다.『어려웠던 경제기사가 술술 읽힙니다』에서 경제신문 읽기의 기본개념을 익혔지만 투자를 두려워했던 분들에게도 많은 도움이 될 것이다. 아침마다 꾸준히 올려주는 신문 요약과 '신문읽기특훈' 덕분에 나도 4개월째 신문 요약을 하고 있다. 복잡한 이론과 재테크 영웅담 말고 본질과 핵심에 갈증을 느끼는 분들에게 이 책을 추천한다. 이제 서점과 도서관의 경제 섹션에서 헤매지 않을 것이다. **서동희(육아맘, 30대)**

최근 '돈'과 '경제'에 대해 적극적으로 투자하고 고민해봐야겠다는 생각이 들어 경제신문을 구독하고 처음으로 주식투자할 준비를 하는 중이다. 그러던 와중에 이렇게 경제신문과 주식을 동시에 다루는 책이 출간된다니 기대가 아주 크다. '내가 돈을 위해 일하는 것이 아니라 돈이 나를 위해 일해야 한다'라는 명제를 실천하는 데 이 책이 큰 도움이 될 것이다. **장세진(육군 장교, 30대)**

주식시장만큼이나 내 인생도 출렁다리처럼 흔들리던 차에 박지수 작가의 경제기사 브리핑 서비스를 알게 되었다. 나는 당장 신문 2종을 구독했고 새벽마다 신문을 폈다가 잠들었다 하는 시간을 반복하고 있다. 기본이 없다 보니, 처음엔 신문을 봐도 겉핥기로 봤지만 요즘은 형광펜을 들고 줄을 긋기 시작했다. 급변하는 환경에서 도태되지 말라고 최선을 다해 말하는 작가님은 조금씩 우리를 바꾸고 있다. **박귀현(프리랜서, 40대)**

최근에 많은 유튜브나 블로그가 성공한 부자들의 노하우를 배워보자며, 부자가 된 사람들이나 그들을 잘 아는 사람들이 이야기를 전달한다. 문제는 들어보면 공감 가는 내용도 많지만 '과연 내가 직장생활하면서 저렇게 따라할 수 있을까?'라는 의문이 들 때가 많다. 그런데 작가님의 블로그나 래빗노트를 읽어보거나 또는 가끔 진행하시는 특강을 들어보면 참 현실적으로 이해하기 쉽게 조언을 하고 있다. 내가 은퇴를 조금씩 준비하면서 가장 큰 영향을 받은 분이다. 선한 영향력이 이번 신간을 통해서 더 많은 분들에게 전달되기를 기대한다. **조정희(바이드뮬러코리아, 40대)**

경제기사는 직업상 나와 가장 가까워야 하지만 가까이 가기에는 버거운 상대였다. 그러나 개인적인 투자를 위해서 뿐만 아니라 업무적으로도 필요할 때가 많다는 것을 느끼고 있다. 박지수 작가의 『어려웠던 경제기사가 술술 읽힙니다』를 통해서 경제기사를 읽기 시작했고, 이와 함께 래빗노트를 병행하며 내게 부족한 부분을 채워가고 있다. 이번 신간을 통해서 주식투자를 할 때 불확실성을 하나라도 줄이고 내가 원하는 바에 좀더 다가갈 수 있으리라 생각하며, 업무적으로도 충분히 도움이 될 거라고 생각한다.

윤효준(세무공무원, 30대)

증권사에서 10년간 일하다 현재는 네 아이의 엄마로 살아가고 있는 주부다. 나름 주식으로 돈을 벌며 살았던 과거가 있음에도 아이를 낳고 나니 자연스레 금융에 관련한 모든 게 과거형이 되어버렸다. 신문을 읽어보려 했지만 네 아이를 키우다보니 쉽지 않았다. 대신 박지수 작가의 SNS를 매일 꼼꼼히, 소리 내서 읽었다. 궁금한 기사는 추가로 찾아보기도 했다. 주식이 투기라면 스스로 아무것도 모른다는 것을 말하는 것이며, 주식이 투자라 하면 공부하고 배우는 사람이라 생각한다. 이번 신작이 우리 가정 경제에 큰 도움이 되면 좋겠다.

박성하(前 삼성증권PB, 30대)

경제기사를 읽는 방법을 배우고 싶다고 생각만 해왔고, 주식투자하는 방법을 배우고 싶다고 생각만 해왔는데, 이 둘을 연결지어 하나의 흐름으로 접할 수 있으니 학문과 실용이 만나는 느낌이다. 요즘 같은 불확실한 시기에 누구에게든 유용한 책이 될 수 있을 것이다. **김성은(경기도 교육청, 30대)**

일반인이 쉽게 접할 수 있는 경제기사를 통해 주식시장의 흐름을 읽어낼 수 있도록 돕는 책이라 기대가 된다. 개인이 상세히 기업 분석을 하거나 구체적이고 빠른 정보를 알아내기 어렵다는 점에서 단타보다는 중장기 시장 수익을 따라가는 게 시장에서 살아남는 방법이라고 생각하는데 그러기 위한 생각의 틀을 얻을 수 있는 내용이 담겼으리라 생각한다. 지금과 같이 방향을 알기 힘든 장에서 나름대로의 통찰력을 얻을 수 있게 빨리 볼 수 있었으면 좋겠다.
이승완(LG디스플레이, 40대)

투자라는 말은 남의 일인 줄 알았다. 대기업에서 돈을 버는 어른이 되었고, 누군가를 책임져야 할 엄마가 되었지만 정작 돈이라는 개념은 알지 못했고 그 누구도 가르쳐주지 않았다. 그러다 우연히 작가님을 알게 되었고 그 후 나의 경제 관념은 완전히 달라졌다. 항상 어려운 용어도 쉽게 풀어주는 작가님의 글 솜씨와 통찰력이 나와 같은 평범한 사람도 공부하고 배울 수 있게 해주었다. 그래서 이번 책도 너무 기대된다. **박가율(네이버, 30대)**

박지수 작가는 '경제기사로 여는 아침'을 통해 배경지식이 없어 이해하기 어려웠던 경제기사를 생활체감형 대화 문체로 알기 쉽게 설명해준다. 단순 정보뿐만 아니라 그 이면의 의미나 뉘앙스까지 이해하도록 알려주는 사이다 코멘트도 매일 큰 도움을 주고 있다. 주린이 생활을 시작한 지 얼마 되지 않은 때에, 딱 나에게 필요한 이 책을 만나게 되다니, 얼마나 또 많은 도움을 받게 될지 기대가 크다. **김은희(NS홈쇼핑, 40대)**

이제는 주식투자가 필수인 시대가 되었습니다. 제로 금리 수준의 시중금리만 믿고 예·적금만 한다고 형편이 나아지지 않습니다. 저축으로 자산을 쌓는 속도보다 실물 자산의 오름 속도가 훨씬 빠르기 때문이죠. 예전처럼 통장만 구분해놓고 복리로 알아서 돌아가게끔 기대한다는 건 어리석은 일입니다. 게다가 지금 코로나19 사태로 갈 곳 없이 시중에 풀린 통화량을 생각하면 망설일 시간이 없습니다.

지금 이 책을 펼쳐보는 당신은 어떤 주식투자자일까요? 아마도 한 번쯤 투자를 시도해봤거나 이제부터 주식투자를 시작하시는 분일 겁니다.

불과 얼마 전까지만 해도 주식을 투기라 생각하는 분들이 많았습니다. 성실하게 일할 생각은 하지 않고 큰돈을 넣고 횡재를 바랐다가 원금마저 손실난 사람들이 많았기 때문이죠. 그래서 '주식=투기'라는 인식이 생겼고, 주식투자를 하면 큰일 나는 것처럼 취급 받았습니다.

하지만 요즘은 정말 달라졌습니다. 일단 부모님들의 변화가 눈에 띕니다. 은행 이자만 믿었던 노후자금이 제로금리로 산산조각 났기 때문일까요? 부모님들이 더 적극적으로 주식 공부에 매진하십니다. "왜 너는 SK바이오팜 청약 안 했니?" "너는 삼성전자 주식 좀 갖고 있니?" "카카오게임즈 공모주가 1,500대 1이라더라"라고 자녀분들에게 물어보는 분들도 있다고 합니다.

3040세대는 어떤가요? 이제 직장 내에서 중간관리자로 자리 잡으며 치이는 업무량과 책임감에 새벽 별 보고 출근해 밤 늦게까지 야근하며 살아갑니다. 분명 누구보다 열심히 일하고 월급도 많이 받는 쪽에 속하는 세대입니다. 그러나 월급에서 아무리 아끼고 모아도 돈 고민은 끝이 보이지 않는다는 것을 점점 깨닫게 됩니다. 투자 외에는 선택권이 없는 것이 엄연한 현실입니다. 투자를 배우고 뛰어드는 것이 문제가 사라지기를 기다리는 것보다 빠르다는 것을 인지하는 시점입니다.

밀레니얼 세대는 오히려 똑똑합니다. 책과 강의, 모임과 유튜브 등을 통해 본격적으로 주식시장의 주역으로 떠올랐습니다. 어차피 월급을 아무리 모아도 내집 마련과 노후 대비가 어렵다는 불안감이 이들의 투자 의욕에 기름을 부은 셈이죠. 게다가 4차산업에 대한 지식이 많고, 모바일을 통한 투자에 익숙하다는 점도 주목할 만합니다.

이렇듯 지금 거의 모든 세대가 '동학개미운동'이라는 이름처럼 주식시장에 활발하게 참여하고 있습니다. 뿐만 아니라 공모 활성화로 상장사 증가, 연기금 자금 유입 등이 뒷받침되며 주식시장이 활기를 찾았고, 비대면 채널 중심의 주식계좌 활용, 스마트폰 발달 등으로 주식투자의 기반도 좋아졌습니다. 이미 우리나라도 저축에서 주식으로 자금 이동이 시작되었습니다.

이런 현상이 반갑고 또 한편으로는 걱정도 됩니다. 이런 분위기에 남들 따라 무작정 주식 계좌를 만드시는 분들이 대부분이기 때문이죠. 주식투자의 기초도 모른 채 주변에서 혹은 인터넷 카페에서 찍어주는 종목을 일단 먼저 사들이는 분들이 대다수입니다.

그렇다면 사람들은 주식투자 정보를 어디서 얻을 수 있을까요? 사실 첩보 수준의 기업 소식을 들을 수 있으면 가장 좋습니다. 확실한 정보만 있다면 영혼을 끌어와서라도 투자를 할 겁니다. 하지만 그런 기회가 없는 평범한 사람이라면 자신만의 투자 스타일을 만드는 게 좋습니다. 소위 세력들의 작전과 테마에 휘말렸다가는 수익은커녕 원금을 날리는 경우도 허다하기 때문이죠.

그렇다면 과연 초보인 우리에게 적합한 주식투자법은 무엇일까요? 꾸준히 들어오는 내 현재 소득의 일부를 미래의 내가 쓸 수 있도록 빌려준다고 생각해보세요. 그냥 빌려주는 것이 아니라 더 큰 돈을 빌려준다고 말이죠. 내가 투자한 자금이 쑥쑥 자라야 하니까 당연히 미래에 성장해 있을 기업을 골라야겠죠?

본업이 따로 있어 시간상 제약을 받는 사람일수록 매일 시시각각 변하는 주가차트만 보며 시장 상황에 기민하게 대처할 수는 없습니다. 그러니 우리는 짧은 호흡의 타이밍으로 주식을 너무 자주 사고 팔기보다는 긴 호흡으로 기업 자체에 집중하는 것이 좋습니다.

"투자의 기본 개념은 주식을 기업 자체로 여기고 시장의 등락을 기회로 활용하며 안전마진을 확보하는 것이다."

세계적인 투자 구루인 워런 버핏의 말입니다. 이 말의 핵심은 바로 '기업' 그리고 '안전 마진'입니다.

경제기사를 통해 기업 비즈니스 계획과 실행을 알 수 있고, 거시경제를 이해할 수 있어 투자 시점과 비중, 즉 안전마진을 확보하는 데 큰 도움을 얻을 수 있습니다. 생각보다 산업은 빠르게 변하고 경제 사이클은 우리에게 더 큰 돈을 벌 수 있는 기회를 선물하니까요.

경제기사의 좋은 점은 '정확성'과 '신뢰성'입니다. 처음 주식투자를 시작하는 분들이 큰맘 먹고 경제기사를 읽다가 이내 포기하고 맙니다. 읽어도 무슨 말인지 이해가 안돼 자존감이 떨어지고 자괴감까지 들기 때문이죠. 그러다보니 이내 달콤한 유혹과 같은 찌라시와 가짜뉴스, 뇌피셜 카더라 통신에 흔들립니다. 계속해서 듣다 보면 그 말이 맞다고 믿게 되어 잘못된 선택을 하는 경우가 종종 생깁니다. 하지만 경제기사는 발행까지 기자의 취재와 분석 그리고 데스크의 체크 과정을 거칩니다. 그런 이유에서 경제기사는 '지속 가능한 투자의 나무'가 자랄 수 있는 안정적인 토양을 만들어줍니다.

물론 경제기사가 말하는 게 모두 정답은 아닙니다. 오히려 기사화된 것을 보고 곧장 투자에 뛰어들었는데 이미 늦은 시점일 수도 있습니다. 소문이 기사화되기 위해 검증받는 과정에서 시간이 흘렀다거나, 속보를 보고 대중이 한꺼번에 움직여 이미 높은 가격을 형성시켜버리는 경우도 있기 때문입니다. 그래서 경제기사는 그 자체를 읽는 데 의미가 있는 게 아닙니다. 경제기사에서 인사이트를 찾아내기 위해 노력해야 한답니다.

경제기사에서 인사이트를 찾는 방법도 어렵지만은 않습니다. 오늘 소식을 통해 미래를 상상하는 것입니다. 오랫동안 경제기사를 읽으며 축적된 지식은 하나의 뉴스에도 12가지 이상 상상력을 펼칠 수 있습니다. 지나온 점들을 연결해보면 앞으로 방향도 예측할 수 있듯이 말이죠. 예를 들면 기사에서 이런 흐름을 잡을 수 있습니다.

'자율주행 자동차, 스마트 도시, 원격 의료 같은 분야에서 사람들이 생활하고 일하는 방식이 완전히 바뀔 것이다. → 이러한 세상의 실현을 위해서는 빠르고 안정적으로 대량의 데이터를 전송하는 5G기술이 필요하다. → 코로나19로 미뤄졌던 5G 인프라가 20년도 하반기부터 본격화될 예정이다. → 미국은 정보의 중요성 때문에 5G 글로벌 주도권을 잡으려 한다. → 5G장비와 통신업체에 투자해야겠다. → 그런데 미국 개별 기업 정보를 얻기가 힘들어 직접 투자는 무리다 → 미국 5G 관련 기업들을 담고 있는 ETF로 지속 투자하겠다.'

이렇게 경제기사에서 얻은 정보를 논리적으로 연결하는 과정을 반복하며 투자에 접목해보세요. 성공의 히스토리가 쌓이면 어렵던 주식투자도 한층 쉬워진답니다.

평범하게 직장생활을 하며 경제기사를 읽고 부딪히며 배우며 투자를 했던 경험들을 이 책에 담았습니다. 검색만으로도 알 수 있는 파편적 지식보다는 경험의 지혜를, 공포보다는 시장을 바르게 보는 침착한 눈을, 일희일비보다는 흐름을 익힐 수 있도록 힘을 주어 글을 썼습니다. 주식투자라는 '목적'을 경제기사라는 '수단'으로 제대로 활용할 수 있는 방법을 담았습니다. 그래서 투기가 아닌 투자로써 안정적인 재테크를 하시고 싶은 분들께 이 책은 좋은 가이드가 되어줄 것입니다.

경제기사는 딱딱하고 어렵습니다. 글자는 작고 지면은 넓어서 한눈에 들어오지도 않습니다. 그래서 경제기사 읽기에 앞서서 먼저 '재미'를 찾으시고 친해지시는 게 중요합니다. 일단 친해지면 더 읽고 싶어질 테니까요.

팁을 하나 드릴게요. 먼저 한동안은 광고만 보시거나, 헤드라인만 읽거나, 기사 속 사진만 보세요. 제가 온라인에서 운영하는 '신문읽기특훈'을 통해 이렇게 신문을 보는 재미에 빠지신 분들을 여럿 뵈었습니다. 경제기사도 재미가 있으면 꾸준히 볼 수 있다는 믿음을 검증받았습니다.

재미가 있으면 경제기사 읽는 습관을 붙이기가 쉽습니다. 경제기사 읽기를 습관화하고 주식투자를 시작하는 게 가장 좋습니다. 처음엔 힘들겠지만 경제기사를 계속 읽다보면 어느 날 머릿속이 한꺼번에 정리되면서 나도 모르게 '아! 이거였구나!' 하는 순간을 체험하실 겁니다. 더불어 어려운 기사를 읽을 때마다 '오늘 이 기사는 내가 100% 이해해보겠다'라는 도전 의식과 '오늘은 귀찮은데 읽지 말까. 아니야, 그래도 하루 빼먹으면 손 놓기 쉬우니까 읽고 넘어가자'라는 마음에 인내심을 함양시킬 수도 있답니다. 이러한 도전의식과 인내심은 투자자로서의 자세를 익히는 데도 많은 도움이 되거든요. 그때가 되면 어려웠던 주식투자도 쉽게 풀리지 않을까요?

지속 가능한 주식투자에 좋은 토양이 되어주는 경제기사 읽기! 저와 함께 부담 없이 시작해보시죠. 주린이 여러분, 제가 도와드릴게요!

박지수

PART1 경제기사를 읽으면 주식투자가 쉬워진다

PART2 경제기사 읽기, 기술이 필요하다

지속 가능한 주식투자 with 경제기사

누구나 지속 가능한 주식투자를 원합니다. 그런 주식투자를 위한 가장 보편적이면서 쉬운 방법이 경제기사를 주식투자의 주요 정보원으로 활용하는 것입니다. 중요한 경제기사를 찾아서 투자의 골조를 세우고 빈틈을 메워가며 투자하는 6단계 방법을 소개합니다.

1. 경제기사를 8가지 카테고리 중심으로 읽기!

신문을 읽어도 별로 남는 게 없다고 느끼시나요? 그냥 무료함을 달래기 위해 흥미 위주 기사만 읽으셨거나, 경제와 상관없는 기사들에 감정만 휘둘리진 않았던가요?

돈 되는 경제기사는 8가지 카테고리로 좁힐 수 있습니다. 그것은 바로 '금리와 금융, 반도체, 4차산업, 미국 지표, 글로벌 이슈, 통계청 발표, 부동산, 정부 정책'입니다. 선택과 집중을 통해 경제기사를 픽(pick)한다면 보다 효율적으로 주식투자에 활용할 수 있답니다(자세한 내용은 1부에서 설명 드릴게요).

2. 신(新)성장산업군의 변화와 흐름 찾기!

경제기사를 꾸준히 읽다보면 성장하는 산업과 저물어가는 산업이 보입니다. 경제기사에서 자주 다뤄지는 산업군들이 무엇인지 잘 살펴보세요. 산업면, 기업면, 증권면을 동시에 보면 해당 산업의 실적이 주가와 연동되고 있다는 것을 파악할 수 있답니다.

지금 우리나라 대표 산업이 어떻게 변화하고 있는지 확인하면 5년 뒤, 10년 뒤에 성장할 산업군을 찾아낼 수 있습니다. 예전에 우리 산업은 화장품, 디스플레이, 조선업 중심이었다면 지금은 반도체, 자율주행, 5G, 플랫폼 등등으로 가고 있습니다.

3. 기업 리스트 만들기!

성장하는 산업군을 찾았다면 이제 그 속에서 경쟁 우위에 있는 기업을 찾아봅니다. 경제기사를 바탕으로 증권사 리포트나 통계청 자료, 인터넷카페 게시글, 실생활 등에서 회자가 많이 되는 기업이 어떤 게 있나 찾아보세요. 그리고 확신이 드는 기업을 추려 나만의 기업 리스트를 만들어보세요.

4. 기업 지표를 확인하고 매수하기!

이제 나만의 기업 리스트를 검증할 차례입니다. 지금 적정 주가인지 정량적 지표들을 확인합니다. 간단한 재무제표와 시가총액을 보며 앞으로 5년 뒤, 10년 뒤 어느 정도의 지표 변화를 낼 수 있을지 시뮬레이션하면 좋습니다. 물론 경제기사에서 그 팁을 찾을 수 있답니다. 그 기업이 어떤 사업을 추진하고 있고, 분기별 실적은 어떠했으며, 해외 시장 점유율은 어느 정도인지 알 수가 있거든요.

이제 투자할 기업을 해외와 국내 합쳐 최종 5~10개 정도로 압축해보세요. 많아도 12개를 넘지 않도록 압축합니다. 그리고 자금이 모일 때마다 꾸준히 그 기업 주식을 매수합니다.

5. 경제기사를 보면서 적절히 대응하기!

인생을 살다보면 뜻하지 않는 위기를 만날 때가 있습니다. 갑자기 미국발 금융위기가 닥쳐 자산 가치가 폭락하기도 했고, 코로나19 바이러스로 우리의 생활이 급속히 변화하기도 했습니다.

무차별적으로 쏟아지는 정보 속에서 주식투자자인 나에게 필요한 것과 그렇지 않은 것을 구별해낼 수 있어야 합니다. 그리고 복잡한 현상 속에서 단순한 본질을 찾아 흐름을 짚어내야 합니다. 이 책을 통해 경제기사를 꾸준히 읽으며 공포를 극복하고 인내할 수 있는 힘을 키운다면 위기가 와도 현명하게 대처할 수 있습니다.

6. 결국, 소심하지만 적극적인 투자자로!

지금까지 소심하고 까다롭게 기업을 고르고 경제기사를 읽었습니다. 요컨대 주식투자 내공을 쌓기 위해서는 결국 나의 투자생활이 경제기사 읽기, 산업과 기업 조사, 기업 주식 매수, 경제상황에 따라 포트폴리오 조정으로 이어지는 순환고리 속에 있어야 합니다.

몇 년에 한 번씩 어김없이 경제가 흔들릴 때마다 주식시장은 크게 요동칩니다. 그 격동의 상황 속에서 내가 가진 주식도 물론 하락합니다. 내가 처음에 들었던 확신에 변화가 없다면 이때 적극적이며 공격적인 투자자가 되어야겠습니다.

경제기사와 친해지기 위한

경제기사 읽기 4주 플랜

1주

경제기사
다가가기

- 1면 사진
- 헤드라인
- 전면 광고
- 주요 지표

2주

경제기사
알아가기

- 금리 변동
- 금융 상품
- 산업 구조
- 기업 주식

3주

경제지표와
경제용어
이해하기

- 통계청 자료
- 무역과 환율
- 표와 그래프
- 경제용어

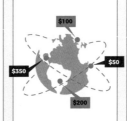

4주

주식투자에
적용하기

- 투자성향
- 기업찾기
- 기업실적
- 사업구조

주식투자 수익률을 높이는
경제기사 읽기 연간 계획표

시작일 _____   완료일 _____

STEP	목표	소요 기간	훈련
1단계	시간관리 기술	시작~1개월차	• 2시간 이내로 읽는다 • 신문 읽기의 목적과 수단을 안다 • 4주간 습관달력 작성하기(부록)
2단계	핵심찾기 기술	2~3개월차	• 텍스트(X) , 콘텍스트(O) • 핵심문장 찾기 → 핵심단어 동그라미 → 연결해서 3~4문장으로 압축하기 • 경제기사 노트 작성하기(부록)
3단계	연결하기 기술	4~5개월차	• 비판적 읽기 • 술어의 뉘앙스 파악하기 • 개인적 경험과 지식 더해보기
4단계	반복하기 기술	6~7개월차	• 버리고, 비우고, 줄이는 연습 • 8가지 카테고리 구분하기 • 머릿속에 8가지 카테고리방 만들기
5단계	숙련의 기술	8~9개월차	• 좋은 스승 찾기 • 숫자를 잘 읽어내는 사람 • 스킬, 노력, 집요함 배우기
6단계	통찰의 기술	10~11개월차	• '아하!' 하는 순간을 느끼기 • 기본기를 익힌 후 얻는 열매 • 숙련 없이 통찰을 바라지 않기
7단계	직관의 기술	11~12개월차	• 기사를 2~3개 교차하며 읽기 • 드라마처럼 스토리 엮어내기
8단계	투자의 기술	12개월차 이후~	• 상상력과 데이터의 간극 좁히기 • 전체와 부분의 크기와 깊이 비교 • 시간의 흐름 감지 • 편안한 마음으로 투자하기

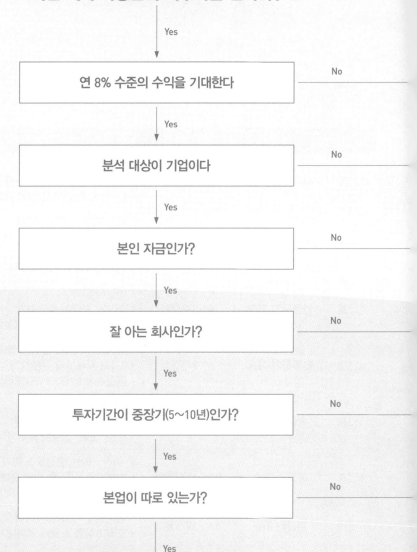

START
나는 지속 가능한 주식투자를 원하나?

Yes

연 8% 수준의 수익을 기대한다 — No

Yes

분석 대상이 기업이다 — No

Yes

본인 자금인가? — No

Yes

잘 아는 회사인가? — No

Yes

투자기간이 중장기(5~10년)인가? — No

Yes

본업이 따로 있는가? — No

Yes

Welcome
이제 경제기사 읽으러 가실까요?

투기	가즈아~ 리딩방으로!	
차트	매수, 매도… 타이밍을 맞추자!	
신용	주가 하락, 반대매매 조심!	
테마	총선, 경협, 애국… D-day를 향해!	
단기	좀 더 높이, 좀 더 빨리!	
전업	단기 수익률에 급급!	

주식투자를 시작하기는 쉽습니다. 스마트폰으로 비대면 계좌를 개설하면 되니까요. 그러나 그 다음부터 출렁이는 주가와 물밀 듯이 밀려오는 정보의 쓰나미 속에서 좌절하고 손절하고 멘탈이 나가기도 한답니다. 여기서 어떻게 굳건하게 버텨내느냐가 중요합니다. 뭘 제대로 알아야 버틸 수 있겠죠? 그래서 모든 주식 강의나 책에서 경제기사를 읽으라고 강조합니다. 보다 정제된 정보를 쉽게 접할 수 있고, 꾸준히 보면 기업을 보는 안목과 경제의 흐름을 익혀나갈 수 있기 때문입니다. 더 이상 정보, 테마, 차트에 매몰되어 오늘 오르고 내일 내리는 종목을 쫓지 마세요. 1부에서 경제기사를 읽으며 주식투자를 쉽게 할 수 있는 방법을 알려드릴게요.

경제기사를 읽으면
주식투자가
쉬워진다

주식 초보자가 저지르기 쉬운 실수

저보다 더 심한 주린이가 있었을까요? 저는 주식의 가격이 학교 모의고사 성적처럼 점수대로 등수가 정해지는 것인 줄 알았습니다. 전교 석차처럼 말이죠. 국어, 영어, 수학, 물리 등등의 과목별 점수를 합산하듯 매출, 영업이익, 현금흐름, 오너 마인드, 조직평가 등을 금융당국에서 정한 점수표에 의해 산정해서 발표한다고 생각했죠.

그래서 매월 기업별로 주가가 확정되고, 매수를 원하면 그 금액만큼 돈을 입금해야 살 수 있다는 엉뚱한 상상을 했었습니다. 나중에야 주식시장이 시장경제 원리에 따라 수요자와 공급자가 만나는 가격, 즉 시장 가격에 의해 거래가 성사된다는 걸 알았을 때 얼마나 부끄러웠는지 모릅니다. '내가 이렇게 무지했구나.' 그래서 처음 주식을 시작하는 분들이 얼마나 엉뚱하고 발랄한 생각을 가지고 있을지 대략 짐작이 갑니다.

이런 실수들이 주식계좌를 녹인다

얼렁뚱땅 샀던 주식에서 수익을 맛보기도 하고, 급격히 변하는 시장에서 안절부절하고, 전문가가 추천한대로 했는데 생각대로 안됐을 때 어리둥절할 모습들이 눈앞에 보이거든요. 그래서 주식 초보자가 저지르는 실수에 대해 먼저 알아볼까 합니다.

첫째, 과잉정보와 얇은 귀

주식을 시작하면 어디서부터 공부해야 할지 막막합니다. 일단 서점으로 가서 가장 두꺼운 주식투자 A to Z 책을 한 권 삽니다. 그리고 유명 유튜버의 주식 채널도 구독하고, 출퇴근하며 귀로도 주식 공부를 열심히 합니다. 직업이 전업 투자자가 아닌 이상, 우리는 직장이나 학교를 가거나 육아라는 본업이 있는 사람들입니다. 쉬는 시간을 쪼개 일상에서 갑자기 주식 공부하는 시간이 늘어납니다. 이 말도 맞는 말 같고 저 말도 맞는 거 같고, 이것도 사야 할 것 같고 저것도 사야 할 것 같습니다. 그러나 정보량이 많으면 오히려 중요한 본질을 찾아내기가 어렵습니다. 그래서 올바른 투자 판단도 쉽지 않죠.

둘째, 초심자의 행운

초보자들이 주식계좌를 개설하는 시점이 보통 누가 투자해서 돈을 벌었다는 얘기를 들었을 때입니다. 사이클상 주식이 상승하는 장에 올라타는 경우가 대부분입니다. 그래서 초반에는 조금 수익을 낼 수 있어요. 그리고는 본인의 실력이 좋아서 수익을 냈다고 착각을 하는 거죠. 노동 없는 소득이 처음 발생했을 때의 그 짜릿함은 무료하던 일상에 강한 엔돌핀으로 작용합니다. 그리고 여기저기 자랑하고 다니며 스스로가 주식 잘하는 사람으로 인식되기를 바랍니다.

셋째, 투자금 늘리기

초보자의 행운으로 수익을 내니 자신감이 붙었습니다. 그래서 좀 더 높은 수익을 바라며 투자금을 더 키워서 끌어옵니다. 100만 원 투자해서 2만 원 벌어 치킨값만 됐으니, 1천만 원을 넣으면 소고기는 사먹겠다며 행복한 시나리오를 씁니다. 그래서 가지고 있던 예금과 적금을 깨고, 월급을 쏟아 붓습니다. 조금 더 강심장인 분들은 7~9%대의 증권사 신용을 활용하기도 합니다. 많은 사람들이 이런 행태를 보이면 이제 경제 기사에서는 '영끌(영혼까지 끌어들여)'이라는 제목으로 증권사 신용 증가 리스크를 다루기 시작합니다.

넷째, 문어발식 확장

성장주, 가치주, 테마주 등등 너무나 많은 종목을 골고루 포트폴리오에 담습니다. 많은 자금이 없기 때문에 얇고 넓게 투자한다는 전략이죠. 이러다보니 투자금 500만 원에 담긴 기업이 20개도 넘습니다. 이렇게 하면 큰 손해는 없지만 큰 이익도 없습니다. 벌지는 못하면서 보유하고 있는 주식의 기업 정보를 꾸준히 업데이트하고 매도나 매수를 고민해야 하기 때문에 신경 쓸 것만 많아집니다. 그래서 더 분주하게 잠자는 시간을 쪼개 주식 공부를 하고 차트 분석을 합니다. 그러나 도가 지나치면 일상생활에 지장을 주기도 한답니다.

다섯째, 머리보다 손이 먼저 가는 손익절

손익절은 손절과 익절의 줄임말입니다. 손해를 보고 팔면 손절, 이익을 보고 팔면 익절이라고 부르죠. 여러 채널을 통해 얻은 정보로 시장과 종목의 미래 가격을 예측합니다. 분명 상승할 줄 알았는데 아닌 것 같으면 그냥 팔아버립니다. 또한 조금이라도 수익이 나면 기다리지 못하고 팔아버리죠. 결국 푼돈만 조금 벌고 다음 날 그 푼돈을 도로 잃는 제로섬 게임이 무한 반복됩니다. 보상욕구와 손실 걱정에서 벗어나는 훈련이 좀 더 필요합니다.

여섯째, 비자발적 장기투자

반대의 경우도 있습니다. "주식은 파는 게 아니라 모으는 거다"라는 말을 철썩 같이 믿고 있습니다. 언젠가는 오를 거라는 희망만으로 계속 버티는 상황이 찾아온 거죠. 하지만 기업 실적이 자꾸 감소하거나, 사업 전망이 어렵다거나, 기업 자체에 심각한 문제가 생겼음에도 오래 갖고 있다면 결코 해결되지는 않습니다. 심지어는 상장폐지가 돼버리기도 하니까요. 무조건적인 장기투자만큼 잘못된 신념도 없습니다.

일곱째, 우량주는 그냥 묻어둬

"우량주는 버티면 다시 올라"라는 말도 100% 맞지는 않습니다. 산업의 변화에 적응하지 못하는 기업은 아무리 대기업이라 하더라도 쇠락의 길을 걸을 수밖에 없습니다. 한때 시가총액 10위 안에 들었던 기업들의 변천사(p.204 표 참고)를 보시면 쉽게 이해하실 수 있을 거예요. 한때 잘나가던 한국전력, 포스코, 두산중공업, 미국 소매 체인의 대명사인 백화점들이 그렇게 파산할 줄 누가 알았겠습니까.

여덟째, 금사빠 금식사

타오르는 불처럼 열렬히 주식투자를 하던 분들도 시간이 지나고 손실을 몇 번 겪고 나면 점점 뒤로 물러섭니다. 좀 쉬었다 하는 게 아니라 '나는 역시 안 되나봐'라며 포기하는 것이죠. 그렇게 보통 사람들은 주식과 금방 사랑에 빠지고, 다시 금방 식는 사랑을 합니다. 현재 상황이라면 '맞아 맞아. 내 얘기야'라며 맞장구를 칠 테고, 과거라면 '나도 저랬지'라고, 앞으로 미래의 모습이라면 '아, 저러지 말아야겠다'라고 생각해볼 수 있으실 거예요. 이런 모습을 계속 가져가면 안 되겠죠?

브래드 피트 주연의 영화 〈머니볼(2011)〉은 몸값 높은 선수를 스카우트하지 않고 출루율 계산으로 저평가된 선수들로 팀을 구성해 승리했던 야구팀의 실제 이야기입니다. 선수들의 능력을 데이터화해 경제 논리로 풀었다는 게 흥미로운 영화였죠. 주식투자도 이와 비슷한 부분이 있어 '아! 이거구나'라고 깨달았습니다. 한두 번 특수 경로를 통해 얻은 정보로 한방에 수익률을 내는 것보다 스스로 모으고 생각하고 판단했던 작은 정보들이 더 나은 결과를 가져올 수 있다는 것이죠.

예전의 개인 투자와는 비교도 할 수 없을 정도로 지금 정보는 평행하고 접근수단은 간편해졌습니다. 자신만의 원칙을 만들고 꾸준히 적용하며 주식투자에서 이길 궁리를 하시면 좋겠습니다. 이제 내 의지에 따라 투자의 성공 히스토리를 하나씩 쌓아보세요. 두렵다고 물러서기만 해서는 안 됩니다. 투자를 두려워해서는 결코 부자가 될 수 없다는 사실을 기억하세요.

고수처럼 경제기사 읽는 법

경제기사 읽는 데도 노하우가 필요하다

경제기사 읽기 고수가 되기 위한 비법 10가지를 지금부터 알려드리겠습니다. 어렵지 않으니 차근차근 들어보세요.

첫째, 꾸준히 보아야 보입니다

나태주 시인의 시 〈풀꽃〉에 이런 말이 있죠. '오래 보아야 예쁘다. 너도 그렇다.' 경제기사도 마찬가지라 생각합니다. 꾸준히 봐야 보이고, 이해가 됩니다. 가끔씩 띄엄띄엄 보는 것은 정보를 왜곡해 받아들일 수 있어서 안 됩니다. 얕게라도 매일 기사를 접하는 게 좋습니다. 바쁘시면 헤드라인만이라도 훑으세요. 최대 2시간이 넘지 않게 보는 것을 추천합니다. 작심삼일에서 일단 벗어나는 게 첫 번째입니다.

둘째, 읽은 기사는 기록을 남기세요

학생 때처럼 종이와 풀로 스크랩북을 만들 수 있으면 좋겠지만 바쁘시면 사진을 찍거나 캡처라도 해서 보관하는 게 좋습니다. 그렇게 내가 픽한 주요 경제기사를 SNS에 올리거나 비공개 블로그라도 꾸준히 업로딩해두면 나중에 나만의 데이터가 되는 것이죠. 인간은 시각적 동물이라 눈에 보이지 않으면 자꾸 잊어버려요. 내가 뭘 읽었는지, 무얼 생각했었는지 금세 까먹고 돌아서죠. 경제 고수라면 자신만의 기사 포트폴리오 하나쯤은 가지고 있어야죠.

셋째, 손에 잘 맞는 펜이나 형광펜을 하나 정하세요

종이신문을 구독하는 경우라면 더더욱 필요합니다. 손에 착 감기는 필기구는 종이 신문을 보는 사람만이 누릴 수 있는 특권이죠. 얇은 밑줄, 굵은 줄, 물결, 동그라미, 네모, 대괄호, 별표 등(p.92 경제기사의 기호 index 표 참고) 자신만의 기호를 정하고 경제기사 본문 위를 자유롭게 누벼보세요. 내용을 구조화시키면서 동시에 핵심만 요약하기에 최적의 방법입니다. 스마트폰이나 패드로 기사를 보더라도 눈으로만 읽지 마시고 터치펜을 활용해 비슷하게 활용하면 좋겠습니다.

넷째, 원화와 달러 환산을 피하지 마세요

우리나라 돈은 쉼표 앞자리가 천, 백만, 십억, 조 원입니다. 달러는 우리나라 돈에 약 1,000원을 곱한 값이죠. 물론 요즘 환율로 정확하게 하자면 1,100원 정도 곱해야 맞습니다. 단순 암산으로만 계산하고자 하니까 여기에서는 그냥 1,000원만 곱해보겠습니다. 그러면 쉼표 앞자리 수가 한 칸씩 넘어갑니다. 즉 1달러는 1천 원, 100만 달러는 10억 원, 10억 달러는 1조 원이 되는 거죠. 이 정도 값은 그냥 외워두시면 기사를 읽을 때 속도가 붙어서 재미있답니다.

다섯째, 물처럼 유연해야 합니다

경제 현상은 수학이 아니기 때문입니다. 논리적으로 생각해도 정답이 없을 경우가 많습니다. 그때는 맞았지만 지금은 틀리는 경우도 많고요. 원인과 결과에 얽매이지 말고, 변수가 생겼을 때 유연하게 받아들이고 예측한 것을 즉각 수정하시는 훈련을 하면 좋겠습니다.

예를 들면 "금리가 떨어지면 주가가 오른다"라는 말이 있습니다. 예금 이자가 낮으면 은행에 돈을 넣는 것보다 주식에 투자하는 경향이 많아진다는 것은 사실입니다. 그러나 대외적인 변수가 있을 땐 주가가 같이 떨어집니다. 미중 무역분쟁으로 우리나라 수출업이 타격을 받아 코스피가 떨어졌던 게 그런 이유였죠. 이럴 때는 예측했던 바를 수정하고 다시 경제기사를 보면서 방향을 재설정해야만 합니다.

여섯째, 가급적 오전에 경제기사를 읽으세요

인터넷 기사는 하루 종일 빠르게 소식을 전달해줍니다. 그래서 어쩌다 보면 하루 종일 기사만 좇고 있을 때도 있어요. 너무 많은 시간을 경제기사 읽는 데 쓰는 건 바람직하지 못한 일입니다. 뭐든 지나치면 아니한 만 못하다고 했죠? 그러지 말고 본업에 집중하면서 사랑하는 사람과 더 많은 시간을 보내세요. 행복하게 잘 살기 위해 경제기사도 읽고 투자도 하는 건데, 주객이 전도되어 경제기사와 투자에 시간을 몽땅 쏟으면 행복한 삶은 나중에 찾을 수가 없답니다.

경제기사는 가급적 오전에 집중해서 읽고, 나머지 시간에는 경제기사는 잊고 생활을 즐기면 좋겠습니다. 너무 많이 들여다본다고 해서 딱히 답이 나오는 것도 아니기에 더욱 이렇게 조언을 드립니다.

일곱째, 일희일비하지 마세요

지나고 보면 아무 일도 아니었던 것 같은 기사가 있어요. 당장 그 기사를 읽을 때는 가슴이 두근거리고 '이러다 정말 다 망하는 거 아니야'라는 생각이 드실 거예요. 그러나 경제기사를 꾸준히 보시면 '이것 또한 다 지나간다'라는 걸 경험할 수 있습니다.

하수는 이런 기사에 흔들려 기껏 투자 기반을 닦아놨던 것을 하루아침에 무너뜨리고 돌아섭니다. '역시 난 안 돼' 이러면서 말이죠. 그러나 고수는 여유로운 마음으로 기회를 기다릴 수 있습니다. 자신만이 정해둔 시그널이 나타날 때를 기다리고 있기 때문이죠. 그 시그널은 경제 사이클을 한두 번쯤 겪어보면 자연스럽게 보이니 조급해하지 마세요.

여덟째, 비슷한 생각을 가진 동료를 만나세요

경제는 복잡해서 별로 생각하고 싶지 않아하는 사람들이 대다수입니다. 가까운 사람들끼리는 돈 얘기 하는 게 우리 정서에 맞지 않다고 생각하기도 합니다. 그래서 주식 공부를 혼자 하시는 분들이 많아요. 그러다보니 쉽게 지치고 다시 편안한 무리 속으로 돌아가 공부는 손에 놓고 지내죠. 그래서 비슷한 생각을 가진 동료를 만나는 것이 중요합니다.

속속들이 내 돈에 대한 고민과 앞으로 주식투자 계획까지 나누기에는 '느슨한 연대'가 가능한 취향 그룹이 좋습니다. SNS으로 비슷한 생각을 가진 모임에 참여하는 방법을 추천합니다. 함께 공부하면 나름 서로 의지가 되고 오래 지속할 수도 있어 좋답니다.

아홉째, 기자를 구독하세요

네이버는 최근에 기사를 작성한 기자를 강조함으로써 기자 개개인에 대한 브랜딩을 강화하기로 밝혔습니다. 기사 본문의 제목 아래 노출된 기자명을 클릭하면 기자 구독과 응원이 더욱 편리해진 셈이죠. 객관적인 시각에서 독자를 고려한 기사를 쓰는 기자 분들이 많습니다. 기사를 오래 읽다보면 이런 기자들의 성함이 보일 거예요. 그렇게 기사 뒤의 글을 작성한 기자를 떠올리면 어려웠던 경제기사 텍스트가 대화체로 보일 수도 있답니다.

마지막으로 질문과 생각을 반복하세요

제 경험 상 결국 경제기사 읽는 내공은 질문과 생각의 힘에서 나오는 것입니다. 한마디로 호기심입니다. 경제기사를 읽다가 모르면 파고드는 집요함이 가장 중요합니다.

- 이건 무슨 뜻이지?
- 이건 못 보던 용어인데?
- 지난번에는 어디까지 진전됐더라?
- 지난번에 이랬는데 이번에는 이렇네?
- 그래서, 이 내용이 어디까지 파장을 미칠까?
- 경쟁상대는 지금 어떤 상황이지?

- 경제 이론상으로는 이렇게 돼야 하는데 이런 변수를 만나니 이렇게 달라지는구나!
- 그 다음에는 어떻게 되려나?

저는 이렇게 혼자서 계속 질문하고 답을 찾기 위해 다른 기사를 또 보고, 궁금해서 후속 기사를 기다리기도 합니다.

지금까지 경제기사 읽기 고수의 10가지 비법을 알려드렸습니다. 이제 꾸준히 경제기사를 읽으시면 자신 있게 경제에 대해 얘기하고 나만의 스토리를 만들어보세요. 꾸준하게 하는 것만큼 무서운 게 없고, 성실함은 때로는 상황을 돌파하는 힘이 되기도 하거든요.

Q. 경제기사를 빨리 읽는 비법이 있나요?

A. 일반적으로 경제기사는 두괄식입니다. 사람들이 가장 궁금해 하는 한 줄을 제일 첫 문단에 넣죠. 역피라미드형 구조라 할 수 있습니다. 전체를 대표하는 제목(Headline), 본문 전체를 요약해주는 부제목(Subhead), 본문의 가장 첫머리인 리드(lead) 에 모든 내용이 축약되어 있습니다. 바쁘다면 이 3가지 부분만 읽어도 전체적으로 어떤 말을 하려는지 예상해볼 수 있답니다.

003 경제기사에서 호재와 악재 구분

상황에 따라 용어는 시장에서 달리 해석된다

경제기사를 읽다보면 새로운 용어를 자주 만납니다. 특히 기업 공시 부분에서 어려운 용어가 많이 등장하는데, 어떤 용어는 증시에 호재로 작용하고 또 다른 용어는 악재로 작용합니다. 같은 단어인데도 상황에 따라 호재이거나 악재로 받아들이는 경우도 있습니다. 말 그대로 "그때 그때 달라요"를 떠올리면 됩니다. 대표적으로 어떤 용어들이 있는지 자세히 알아보겠습니다.

① 액면분할

액면분할은 주식의 액면가액을 일정한 분할비율로 나눔으로써 주식수를 증가시키는 것을 말합니다. 통상적으로 주가가 너무 오르면 거래량이 줄어드는 현상이 나타납니다. 그 이유는 주당 가격이 너무 비싸서 소액 주주가 진입하기 어려워지기 때문이죠. 그때 액면분할을 통해 주당 가격을 낮추면 주식 거래를 촉진할 수 있다는 기대가 생깁니다. 자연스럽게 거래량, 즉 유동성이 늘어 자본 이득이 생길 거라는 심리적 효과를 얻을 수도 있죠.

보통 액면분할 전후로는 주가가 상승합니다. 그러나 시황이나 기업의 펀더멘털에 따라 주가가 상승하지 않을 수도 있습니다.

역사적으로 모든 액면분할이 투자자의 돈을 벌게 해주지는 못했습니다. 삼성전자, 아모레퍼시픽, 롯데칠성 등도 액면분할을 한 후 한동안 하락세를 면치 못했고, 2020년 8월 말 액면분할한 애플도 분할 직후 상승하다가 하락국면에 접어들기도 했습니다.

② 자사주 취득

회사가 자기 회사 주식을 매입하는 것을 뜻합니다. 자사주를 사들이는 행위는 시장에서 유통되는 주식의 물량을 줄여주는 것이기 때문에 주가 상승의 요인이 되죠. 게다가 자사주 매입 후 소각까지 한다면 주주들이 가지고 있는 주식의 가치가 상승하는 효과를 볼 수도 있답니다.

2020년 8월 KT&G가 9년 만에 2,003억 원어치의 자사주 취득을 결정했습니다. 이 공시 직후 주가는 7.4%나 급등했죠. 2020년 7월 미래에셋대우 역시 자사주 매입 공시 후 주가는 18% 넘게 상승했습니다. 2020년 2분기 실적 쇼크에도 불구하고 POSCO는 4월에 1조 원 규모의 자사주 매입을 공시했고, 이때 주가는 3% 넘게 급등세를 보였습니다.

③ 무상증자, 주식배당

기업은 잉여금의 일부를 주식으로 발행한 뒤 기존 주주들에게 나눠줍니다. 이것이 바로 무상증자 방식이며, 기업은 잉여금이 줄어들고 자본금이 늘어나는 구조로 바뀝니다. 기업 입장에서는 자기 자본 총액에 변함이 없고, 주주 입장에서는 공짜로 주식을 받아 좋습니다. 2020년 6월 에코마케팅은 1,620만주 규모의 무상증자를 발표했었죠.

주식배당은 무상증자와 비슷합니다. 배당은 배당인데 현금이 아닌 주식으로 나눠준다는 것이죠. 주식을 배당하면 주식수가 늘어나기에 자본금도 늘어납니다. 그 점에서 주식배당은 무상증자와 비슷하다고 할 수 있겠죠. 2019년 말 셀트리온과 셀트리온헬스케어가 1주당 0.5주의 비율로 주식배당을 결정하고 주주들에게 주식으로 나눠줬습니다.

무상증자와 주식배당은 회사가 비교적 자본 여유가 있어야 할 수 있답니다. 그렇기 때문에 기업이 이런 공시를 낸다는 것은 회사의 재무건전성이 좋다는 것을 보여주는 일종의 플렉스(FLEX: 성공이나 부를 과시하거나 뽐낸다는 뜻)입니다.

④ 유상증자

유상증자는 주식을 새로 발행함으로써 자본금을 늘리는 일을 말합니다. 유상증자는 기업이 경쟁력 있는 분야에 진출하기 위해 자금이 필요하거나, 향후 발전이 예상되는 기업을 인수·합병하기 위한 목적일 때는 시장에서 호재입니다. 단, 기업의 재무구조를 개선하기 위해서 유상증자를 시행하는 경우에는 악재로 받아들입니다.

예를 들어 저비용항공사(LCC)들이 자본 확충을 위해 진행하는 유상증자는 악재입니다. 그러나 진에어는 현금성 자산에 여유가 있으나 성장동력의 실탄으로 쓰기 위해 유상증자를 한다는 점에서 호재로 작용했습니다. 물론 유상증자 청약 흥행에도 성공했구요.

⑤ 전환사채(CB)·신주인수권부사채(BW) 발행

기업이 자금을 융통하는 큰 수단 2가지가 바로 주식과 채권입니다. 유상증자·무상증자는 주식을 추가로 발행해 자본금을 마련하는 것이었죠? 채권 발행 방법은 여러 가지가 있는데 그중 전환사채(Convertible Bond, CB)와 신주인수권부사채

(Bond with Warrant, BW)라는 특수 채권이 있습니다.

전환사채(CB)는 처음 기업이 발행할 때는 채권이지만 일정한 기간이 지나면 주식으로 전환할 수 있어 주가 상승에 따른 차익을 볼 수 있는 구조입니다. 신주인수권부사채(BW)는 회사가 신주를 발행할 경우 미리 약정된 가격에 따라 일정수의 신주 인수를 청구할 수 있는 권리가 부여된 채권을 말합니다. 전환사채(CB)는 전환에 의해 채권 부분은 소멸되는데, 신주인수권부사채(BW)는 인수권의 행사에 의해 인수권 부분만 소멸될 뿐 채권 부분은 계속 효력을 갖는 게 전환사채(CB)와 다른 점입니다.

둘 다 매수자에게 유리한 조건이 붙는 채권입니다. 그래서 자금 흐름이 원활하지 않는 기업이 이런 채권으로 자본금을 충당하려고 하죠. 그러나 모은 자금으로 비전 있는 사업에 도전한다면 호재이지만, 그럴 경우는 거의 없습니다. 대부분 재무상 위기를 타개하기 위해서 발행하기 때문에 악재일 경우가 더 많죠.

요약하자면 주식시장에서 100% 장담할 수 있는 호재나 악재 용어는 없습니다. 전후 상황을 살펴보고 맥락을 이해해야 하죠.

경제기사는 팩트를 말할 뿐이며, 객관적 판단을 내려야 하는 것은 늘 투자자의 몫이랍니다. 일부 투기 세력들은 호재성 이슈를 발표하기 전 미리 주식을 매집해뒀다가 대중이 기사를 보고 움직이면 매도해 차익을 일으키기도 한답니다. 우리는 잃지 않는 투자를 하기 위해 보다 현명하게 해석할 수 있어야 하겠습니다.

Q. 실적 발표일에 어닝 서프라이즈(earning surprise)인데도 주가는 왜 하락할까요?

A. 실적 발표 며칠 전부터 경제기사나 증권사 리포트들에서 호실적 관련 내용이 나왔을 것입니다. 그래서 주가는 아마 실적 발표 기대감 으로 계속 상승했을 거예요. 그리고 실적 발표를 보고 뒤늦게 주식을 매수하려는 사람들이 몰려왔을 때 차익 실현 매물들이 쏟아지는 패 턴이랍니다. 반드시 그런 것은 아니지만 통상 이런 경우가 많았답니 다. 그래서 "소문에 사서 뉴스에 팔아라" "대중과 역발상투자하라" 라는 주식 격언이 있을 정도입니다.

004 경기 사이클에 따른 투자

2020년 3월, WHO의 팬데믹 선언 후 코스피 지수는 8% 넘게 폭락하며 1457.64를 기록했고 시가총액은 1,000조 원 아래로 추락했습니다. 이럴 때는 아무리 펀더멘털이 강한 기업이라도 용가리 통뼈가 아니기 때문에 주가 조정을 받을 수밖에 없습니다.

우리가 경제기사를 보는 중요한 이유가 여기 있습니다. 경제기사를 통해 거시 경제가 어떻게 돌아가는지 알 수 있기 때문이죠. 아는 데서 그치지 않고 내가 어떻게 투자의 방향을 잡으면 좋을까를 고민해봐야 한답니다.

그렇다면 왜 경기는 순환을 할까요? 자본주의의 발전과정을 살펴보면 경제활동이 활발하다가 침체를 겪는 모습이 반복됨을 확인할 수 있습니다. 경제학에서는 이를 '경기변동' 혹은 '경기순환'이라고 합니다.

지금이 경기 순환상 경기가 고점인지 저점인지, 하강하는 중인지 회복되고 있는 중인지 늘 궁금하죠. 확인하는 방법을 알고 있나요? 그저 내 지갑에 돈이 없으면 경기가 최악이고, 보너스가 좀 들어오면 경기가 최고라고 생각할 수도 있겠습니다. 그래도 무언가 절대적인 기준으로 경기를 진단하는 지표가 있지 않을까요?

경기를 진단하는 지표를 알아두자

경기지표는 개별경제지표, 종합경기지표, 경제심리지표로 구분할 수 있습니다. 또한 국내총생산(Gross Domestic Product,

종합경기지표의 종류

경기선행지수(9개)	경기동행지수(7개)	경기후행지수(5개)

• 구인·구직비율
• 재고순환지표
• 소비자기대지수
• 기계류내수출하지수
• 건설수주액(실질)
• 수출입물가비율
• 국제원자재가격지수
  (역계열)
• 코스피지수
• 장단기 금리차
	• 비농림어업 취업자 수
	• 광공업생산지수
	• 서비스업생산지수
	• 소매판매액지수
	• 내수출하지수
	• 건설기성액(실질)
	• 수입액(실질)
		• 상용근로자 수
		• 생산자제품재고지수
		• 도시가계소비지출
		  (실질)
		• 소비재수입액(실질)
		• 회사채 유동수익률

GDP)을 통해 거시적 현상을 파악하는 방법도 있죠. GDP는 한 나라 경제 주체들의 모든 소비, 투자, 수출 등을 한눈에 살펴볼 수 있는 지표입니다. 다만 분기별로 작성되며 상당 시간이 지난 후 발표되기 때문에 단기적으로 신속하게 파악하기는 어려운 게 단점입니다.

① 개별경제지표

개별경제지표는 현재의 경기를 판단하고 향후 경기흐름을 예상하기 위해 작성한 각 부문별 지표를 말합니다. 생산, 소비, 건설투자, 설비투자, 수출입 등 경기의 움직임을 잘 반영하는 요소들을 지속적으로 분석하고 있습니다. 대부분 월별로 작성하며 통계청에서 주관하지만 건설과 관계된 것은 국토교통부가, 수출입은 관세청이 작성하는 지표도 있습니다.

② 종합경기지표

개별경제지표를 가공해 종합적으로 볼 수 있도록 만든 지표입니다. 통계청은 1983년 3월부터 생산, 투자, 소비, 고용, 금융, 무역, 기계 등의 지표를 가공해 매월 경기종합지수를 작성한 후 발표하는데 경기의 변동 방향과 변동 폭을 확인하기에 유용한 자료입니다.

선후행에 따라 선행종합지수, 동행종합지수, 후행종합지

수로 나눕니다. 비교적 쉽고, 일반인도 지금 경기가 호황인지 불황인지 이해하기 좋아 가장 많이 활용하는 지표가 선행종합지수입니다. 후행종합지수는 경기변동을 나중에 확인할 때 사용할 수 있습니다. 이 중 가장 중요하게 생각해야 하는 부분이 바로 경기선행지수입니다. 앞으로 가까운 장래의 경기 변화를 예측하는 데 활용되기 때문에 의사결정의 수단이 될 수 있죠. 주가는 실물 경제를 선행하기 때문에 선행종합지수를 잘 활용하면 좋습니다.

③ 경제심리지표

경제 주체들인 기업과 가계가 경기에 대해 느끼는 심리적인 부분들을 지수화한 것으로 기업경기실사지수(BSI), 소비자동향지수(CSI)가 있습니다. 한국은행은 매월 소비자동향지수(CSI) 중 6개 주요 지수를 이용해 산출한 심리지표인 CCSI를 발표합니다. 기준값(100)보다 크면 낙관적, 작으면 비관적이라는 의미를 지닙니다. '2020년 9월 소비자동향조사'에 따르면 CCSI는 79.4로, 전월대비 8.8포인트 하락하며 2020년 4월 이후 4개월 연속 상승했던 소비자심리지수가 한풀 꺾인 것으로 나타났습니다.

조금 더 단순하고 현실적으로 경기 순환을 보는 지표를 알려드릴게요. 그것은 바로 KOSIS 국가통계포털의 '경기순환시계'입니다. 10개의 경제지표들이 '상승-둔화-하강-회복', 이 4개의 경기순환 국면 중 어디에 있는지 한 눈에 볼 수 있는 도구로 통계청이 매월 초순 업데이트합니다. 경기순환시계는 주요경제지표들의 경기순환 국면을 시계처럼 시각적으로 볼 수 있어 좋습니다. KOSIS 국가통계포털에 접속해 경기 순환을 플레이해보세요. 최소 6개 이상이 회복으로 넘어가야 경기가 회복된다고 할 수 있겠습니다. 주식투자를 할 때는 경기지표가 하강에서 회복으로 넘어 갈 때 중점을 두고 투자를 해야 보다 높은 수익을 기대할 수 있답니다.

그리고 이건 교양으로 알아두세요. 예전에는 마천루지수(Skyscraper Index)로 경기 불황을 판단했다고 합니다. 마천루지수는 도이치방크의 애널리스트 앤드루 로런스(Andrew Lawrence)가 1999년도에 발표한 가설인데, 지난 100년의 시간 동안 초고층 빌딩이 등장하면 반드시 경제위기가 뒤따랐다는 걸 근거로 삼았습니다.

실제로 1931년 엠파이어스테이트빌딩이 뉴욕에 들어선 시점에 공교롭게도 대공황을 가져왔고, 1998년 말레이시아 페트로나스 트윈타워 완공 후 아시아 금융위기가 찾아왔었죠. 2003년 대만 타이베이에 101빌딩이 준공됐을 때 대만 가권지수는 폭락했고, 2009년 부르즈 할리파가 완공되기 직전에 두바이는 글로벌 금융위기로 디폴트를 선언하기도 했습니다.

무슨 이유 때문일까요? 천문학적인 비용이 들어가는 초고층 빌딩 건설 프로젝트는 돈이 불리는 통화정책 완화시기에 시작되지만 완공 시점엔 경기가 정점에 이르고 곧 버블이 꺼지면서 경기 침체로 갔었다는 결론이었습니다. 초고층빌딩을 건설한다고 경제 파멸로 간다는 것은 아니지만 우연의 일치로 각국에서 이런 모습이 보였습니다.

One Point lesson!

Q. 증권사 리포트는 어떤 건가요?

A. 증권사 애널리스트들이 기업의 정보를 분석하고 탐방해 작성한 보고서입니다. 다소 낙관적인 시각을 가지고 작성하기 때문에 주식 투자자 스스로 균형 있게 보려고 노력하는 것이 중요합니다. 리포트에서는 매도나 매수 의견과 목표가를 제시해줍니다. 전문가 입장에서 투자자에게 가이드라인을 주는 정도로 해석하고 절대적으로 받아들이지는 않는 게 좋답니다. 기업을 평가하는 기준이 사람마다 다르고, 주식의 가격은 누구도 장담해줄 수 있는 게 아니기 때문입니다.

경제기사 마스터 8단계 기술

새벽배송의 원조인 신문을 구독 신청합니다. 오늘부터 경제기사 읽기 1일! 새벽을 가르고 도착한 신문을 현관문 밖에서 집어들고 들어와 식탁 위에 펼칩니다. 잠도 깰 겸 커피도 한 잔 가지고 자리에 앉습니다.

이제 본격적으로 1면부터 꼼꼼하게 읽어 내려가기 시작합니다. 무슨 말인지 도통 이해할 수는 없어도 끝까지 읽습니다. 신문을 보고 있는 내 모습이 멋지기까지 합니다. 그렇게 신문을 하염없이 읽습니다. '맞다. 누가 적으라 그랬지.' 예쁜 노트도 하나 가져와 필사하기 시작합니다. 오전 6시부터 읽기 시작한 신문 읽기가 오전 11시가 돼서야 끝났습니다.

열심히 많은 기사를 읽었는데 정작 머리에 남는 건 별로 없습니다. 이렇게 무조건 읽고 쓰기만 하는 게 바람직한 경제기사 읽기일까요?

경제 관련 필기시험을 보러 갈 때는 도움이 될 수도 있겠습니다. 암기하기 위해서는 쓰면서 외우는 게 가장 좋으니까요. 그러나 이렇게 경제기사를 접해서는 주식투자와 연결할 수가 없습니다. 그 이유는 정보와 지식이 산발적으로 흩어져 있어 머릿속에서 융합의 과정을 거치지 못하기 때문이죠. 머릿속에서 융합이 안 되면 창조적인 투자 아이디어도 얻을 수 없는 법이니까요.

일도 잘 하는 사람이 있듯이 경제기사도 잘 읽는 사람이 있습니다. 그 노하우를 8단계로 정리해 알려드리겠습니다. 우리도 1단계부터 하나씩 도장 깨듯이 올라가볼까요?

경제기사 마스터 8단계 계획표

구분	1단계	2단계	3단계	4단계	5단계	6단계	7단계	8단계
목표	시간관리 기술	핵심찾기 기술	연결하기 기술	반복하기 기술	숙련의 기술	통찰의 기술	직관의 기술	투자의 기술
기간	시작~ 1개월	2~3개월	4~5개월	6~7개월	8~9개월	10~11개월	11~12개월	12개월 이후~
일정 (예시)	'20년 12월 ~21년 1월	2~3월	4~5월	6~7월	8~9월	10~11월	11~12월	'22년 1월~

1단계(시작~1개월) : 시간관리 기술

경제기사를 읽는 데 시간 관리가 필요합니다. 섣불리 경제기사를 읽고 단기간에 뭔가 큰 변화를 기대한다면, 안타깝지만 그런 일은 생기지 않을 거예요. 경제기사 읽기는 옆의 표처럼 최소 1년을 계획하라고 말씀드리고 싶습니다. 제일 먼저 익혀야 할 것은 '시간관리 기술'입니다.

첫째, 경제기사 읽기 1년 계획을 짜는 것입니다. 시험 준비할 때 빈 노트에 쭉쭉 줄을 그으며 일정 계획표를 만들잖아요. 특히 고3 올라갈 때는 2학년 겨울방학부터 연간 계획을 세웠던 기억, 다들 있죠? 그렇게 연간 타임 테이블을 만들어보겠습니다. 경제기사 읽기도 이렇게 기초부터 완성까지 12개월 플랜이 가장 이상적입니다.

둘째, 하루에 2시간 이내에 경제기사 보는 시간을 제한하는 것입니다. 경제기사를 보는 목적이 주식투자라면 더더욱 경제기사를 빨리 읽어내야 합니다. 오전 9시에 주식시장이 열리기 전까지 경제기사 읽기를 마무리해야 주식투자에 실제로 도움이 되기 때문이죠.

경제기사를 너무 오래 읽으면 일상에 지장이 생깁니다. 단지 경제기사는 투자를 위한 수단일 뿐이기 때문이죠. 우리는 인생에서도 종종 목적과 수단을 헷갈려버릴 때가 많아요. 경제기사를 잘 읽고 정리를 하기 위해 보는 건지, 주식투자를 위해 보는 건지 명확히 해야 한답니다. 경제기사를 읽는 목적을 다시 한 번 상기해보세요. 경제기사를 읽고 정리를 하기 위해 보는 게 아니라 경제기사는 정보를 얻기 위한 수단임을 명확히 해야 합니다. 그래야 주객이 전도되는 일을 막을 수 있거든요.

이렇게 한 달 간 경제기사 읽는 시간을 관리하며 경제기사와 친해지시기 바랍니다. 부록에 나와 있는 4주 습관달력을 활용해보는 것도 좋습니다.

2단계(2~3개월) : 핵심찾기 기술

핵심을 찾는 이유는 글을 읽기 어려워하는 사람들이 보통 텍스트(Text)만 읽기 때문입니다. 콘텍스트(Context)를 읽어야 하는데 말이죠.

콘텍스트란 사물의 서로 잇닿아 있는 관계나 연관을 말하며 보통 문맥, 맥락을 뜻합니다. 즉 기사도 용어 하나하나에 집중하다 보면 전체적으로 무얼 말하려 하는지 문맥을 이해하기 어렵다는 뜻입니다. 문맥을 이해하기에 가장 좋은 방법은 핵심문장, 핵심단어를 찾아 연결하는 것이죠.

- 1단계 : 기사 전체를 포괄하는 핵심문장 찾기
- 2단계 : 핵심단어를 찾아 동그라미나 별표 하기
- 3단계 : 연결해 3~4문장으로 압축해보기

다행히 경제기사는 친절하게도 두괄식 단문입니다. 그래서 제일 앞 문장에 핵심문장을 심어두죠. 그 다음부터 순서대로 키워드를 찾아나가고 3~4문장으로 압축해보는 연습을 하세요.

기사가 길면 반드시 배경지식을 담는 문단이 포함됩니다. 경제기사를 처음 읽는 분들은 배경지식 부분도 빼놓지 말고 꼭 읽으면 콘텍스트를 읽어내는 데 도움이 됩니다.

그러나 보통 2단계에서 신문 읽기를 포기하는 경우가 많습니다. 구독을 시작하고 3개월이 될 때까지 시간관리와 핵심 찾기 기술을 익히지 못했기 때문이죠. 시간관리가 안 되니 어떤 날은 많이 읽고 어떤 날은 적게 읽거나 건너뛰고 넘어가는

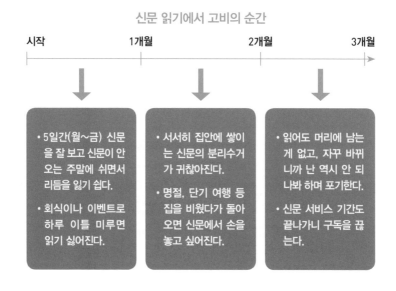

신문 읽기에서 고비의 순간

| 시작 | 1개월 | 2개월 | 3개월 |

- 5일간(월~금) 신문을 잘 보고 신문이 안 오는 주말에 쉬면서 리듬을 잃기 쉽다.
- 회식이나 이벤트로 하루 이틀 미루면 읽기 싫어진다.

- 서서히 집안에 쌓이는 신문의 분리수거가 귀찮아진다.
- 명절, 단기 여행 등 집을 비웠다가 돌아오면 신문에서 손을 놓고 싶어진다.

- 읽어도 머리에 남는 게 없고, 자꾸 바뀌니까 난 역시 안 되나봐 하며 포기한다.
- 신문 서비스 기간도 끝나가니 구독을 끊는다.

등 습관이 자리 잡기 어려워집니다. 여러 고비의 순간을 넘기지 못해서 구독을 취소할지 최종 결정하는 시기가 바로 신문 읽기 3개월차거든요.

3단계(4~5개월) : 연결하기 기술

지금까지 기사를 읽고, 콘텍스트를 찾고, 핵심문장으로 줄이는 연습을 했습니다. 아직 경제기사를 읽고 요약하는 게 어렵다면 신문사에서 그 날의 기사를 요약해 친절하게 이메일로 보내주는 서비스를 병행하는 것도 괜찮습니다. 매일경제신문사도 '매콤달콤'이라는 뉴스레터를 발행하고 있거든요. 매일 아침 기사 가운데 엄선된 7~8개를 핵심 내용만 압축해서 독자의 이메일로 무료로 발송해준답니다.

기사 요약을 마쳤다면, 다음은 이제 자신의 생각과 연결할 차례입니다. 달리 말하면 생각하기 훈련입니다. 기계적으로 기사를 읽고 무조건 수용하는 단계에서 벗어나 비판적인 시각으로 다시 보는 것이죠.

그러기 위해서는 기사의 뉘앙스를 좀 더 예민하게 볼 필요가 있습니다. 보통 문장의 술어가 어떻게 끝나느냐로 판단합니다. '기사 내용이 확인이 된 것인가, 전문가의 전망인가, 기자의 추측인가, 기자도 전해들은 것인가'에 대한 파악을 먼저 해보겠습니다.

① 기자의 취재 결과 : 확인됐다, 파악됐다
② 관계자의 의견 : 말했다, 밝혔다, 강조했다
③ 전문가의 의견 : 전망됐다, 분석됐다
④ 기자의 추측 : 예상된다, 추정된다, 기대된다, 보인다
⑤ 기자도 누군가에게 들은 것 : 전해졌다, 알려졌다

①번의 신뢰도가 가장 높고, ⑤번으로 갈수록 신뢰도는 낮아집니다. 여기서 가장 좋은 것은 ①번 취재결과로 확인된 내용이겠죠. 문장이 객관적일수록 신뢰도 높은 기사로 볼 수 있습니다만 보통 ①~④번까지는 괜찮습니다. 다만 말하는 사람이 누구인가를 한 번쯤 되새겨보면 좋겠죠. 관계자라면 약간의 과장된 계획을 말할 수도 있고, 전문가라면 본인이나 조직에 유리하게 발언했을 수도 있음을 알아야 합니다. 기자의 추측은 그나마 독자보다 조금 앞선 위치에 생각해본 내용이니 참고하기에 좋습니다.

이제 우리는 기사 내용에 개인적 경험과 지식을 더해봅니다. 다양한 사람을 만났고, 다양한 경험과 지식을 갖추고 있다면 경제기사 읽기는 훨씬 재밌을 것입니다.

4단계(6~7개월) : 반복하기 기술

지금까지 경제기사 읽기를 꾸준히 했다면 6개월차면 이제 습관이 잡혔을 거라 생각합니다. 더 이상 아침에 신문을 줍는 일도, 더 자고 싶어 이불을 덮는 일도 없을 거예요. 당연히 아침에 일어나면 기지개를 켠 후 물 한 잔 마시고 자연스럽게 신문을 들고와서 식탁에 앉는 본인만의 루틴을 완성했습니다.

자신만의 경제기사 읽기 루틴을 만들었으니 이제 반복의 기술이 필요합니다. "새는 멀리 날기 위해 뼛속까지 비운다"는 말이 있습니다. 이처럼 오랫동안 경제기사를 읽기 위해서는 버리고, 비우고, 줄이는 연습이 반드시 필요하죠. 모든 기사를 읽으려 하지 말고 내가 필요한 기사를 골라낼 수 있는 눈이 있어야 합니다.

이와 관련해서 꼭 챙겨 읽어야 할 기사를 다음과 같이 8가지 카테고리로 정리해봤습니다('2부 돈 되는 기사는 이미 정해져있다'에서 자세히 알려드릴게요). 이렇듯 중요한 기사를 추려내서 반복해서 읽어내며 흐름을 파악하는 것이 바로 4단계인 반복하기 기술입니다.

여기 4단계까지 오는 것도 매우 어려운 일입니다. 신문을 구독하고 최소 6개월은 꾸준히 봐야 이 정도 단계까지 올라올 수 있거든요. 자, 정해진 시간 내에 핵심을 찾아 연결해서 반복해서 본다는 경제기사 읽기 기본편을 완료했습니다. 이제 조금 더 높은 단계에 도전해볼까요?

5단계(8~9개월) : 숙련의 기술

꾸준히 반복하기 기술을 익혔다면 이제 숙련의 단계입니다. 숙련(熟鍊, be skilled) 연습을 많이 해서 능숙하게 익힌 상태를 말합니다. 반복된 경제기사 읽기 훈련에 이제 기술을 도입해보겠습니다.

숙련 과정에서 가장 중요한 포인트는 좋은 스승을 만나는 것입니다. 주식 관련 카페에도 초보자들이 모여 있는 곳과 고수들이 많이 모인 곳이 있는데, 이왕이면 고수들이 많은 카페에서 정보를 얻는 게 좋습니다. 좀 더 배울 게 많은 곳에 머무는 게 좋겠죠. 그 옛날, 좋은 스승을 만나기 위해 먼 길을 떠났던 무림 고수의 이야기를 떠올려보세요.

그렇다면 어떤 사람이 경제기사를 잘 읽는 사람일까요? 하나만 꼽으라고 한다면 숫자를 제대로 파악할 수 있는 사람입니다. 기사에서 절대 속일 수 없는 게 바로 숫자거든요. 그들은 숫자가 많이 포함된 기사를 가지고 놀 정도로 잘 읽어냅니다. 숫자를 통해 전체와 부분 사이의 정도를 비교할 수 있고,

시간의 흐름에 따른 추이를 볼 수 있으며, 몇 개의 다른 조건들과 비교해볼 수 있는 능력을 갖췄습니다. 스킬뿐만 아니라 경제기사를 읽기 위해 치열하게 노력해본 사람들에게서 노력과 집요함을 배워야 합니다.

6단계(10~11개월) : 통찰의 기술

통찰은 불현듯 현상을 재조직화함으로써 갑작스럽게 문제를 해결하는 과정을 말합니다. 순간적으로 깨달음을 얻고 변화를 촉구하죠.

독일의 심리학자 볼프강 퀼러(Wolfgang Köhler)는 종래의 유일한 학습이론이었던 시행착오설을 대신한 통찰이론을 제창했습니다. 통찰이론에 따르면 학습은 문제 장면에 대한 통찰에 의해 이루어진다고 합니다. 침팬지를 우리에 가둬놓고 우리 밖 침팬지 손이 닿지 않는 곳에 바나나를 놓습니다. 약간의 시간이 흐르자 막대기를 붙잡아 바나나를 끌어당겼습니다. 침팬지들은 문제 해결을 위해 나무 막대기라는 수단을 불현듯 떠올렸던 것이죠.

경제기사도 마찬가지입니다. 오랜 숙련 기간이 지나면 불현 듯 '아하!' 이러면서 기사 너머 인사이트가 떠오릅니다. 그

동안은 읽기 바빴지만 이제 생각해볼 수 있는 여유가 생겼기 때문입니다.

그런데 주의할 것이 있습니다. 숙련은 고통스럽고 통찰은 멋있어 보입니다. 그래서 숙련을 건너뛴 채 통찰인 척 하고 싶어 하는 게 인간의 본능입니다. 기본기의 중요성은 시간이 지난 후 알 수 있습니다. 다 안다고, 쉽다고 간과하지만 기본기를 충분히 닦은 사람과 그렇지 않은 사람은 큰 차이가 나기 때문이죠. 김연아 선수의 트리플 악셀도, 손흥민 선수의 양발차기도 기본기의 반복 끝에 얻어낸 기술입니다. 기본기 없이 퀀텀 점프하는 시늉만 낸다면 어떨까요? 소중한 숙련의 기술을 닦을 시기를 놓치고 투자에 자신감도 안 생긴 채로 불안하게 살아야 한답니다.

7단계(11~12개월) : 직관의 기술

숙련과 통찰의 기술을 익혔다면 기사들을 교차하며 읽어낼 수 있습니다. 종합면, 산업면, 국제면, 금융면의 여러 기사들을 융합해서 하나의 문단으로 정리할 수 있는 수준에 이르렀다는 의미입니다. 이때가 되면 2~3개의 기사들을 묶어서 보기 때문에 신문을 읽는 시간도 줄일 수 있습니다. 또한 머릿속에 구조화가 가능해 오랫동안 기억하는 데도 도움이 된답니다.

　이렇게 기사 간 융합을 할 수 있다면 이제 직관적으로 분석할 수 있습니다. 직관(直觀)이란 판단·추론 등을 개입시키지 않고 대상을 직접적으로 인식하는 것을 뜻합니다. 복잡하고 다양한 기사들을 관통하는 흐름을 직관적으로 잡아낼 수 있죠. 그리고 조각처럼 보이는 각자의 기사들을 엮어 하나의 스토리를 만들고 그 안에 등장하는 사건을 주인공으로 세워냅니다. 이렇게 기사들을 드라마 시리즈처럼 연결해서 읽어낼 수 있습니다(이 부분은 '2부 조각을 엮어 맥락을 이어라'에서 좀 더 자세히 알아보겠습니다).

8단계(12개월 이후) : 투자의 기술

결국은 투자의 기술을 익히기 위해 지난 12개월 동안 경제기사를 읽어왔습니다. 이제 산업면 경제기사를 보면서 산업과 기업의 미래를 상상할 수 있고, 실적 발표 기사를 통해 내가 상상한 만큼 기업이 잘 하고 있는지 못하고 있는지 확인할 수 있습니다.

　국제, 정책, 금융 등 큰 거시 경제 흐름도 꾸준히 읽어왔더니 감을 잡을 수 있는 상태가 되었습니다. 결국 8단계의 기술들을 하나씩 차근차근 밟으며 올라온 결과물입니다.

　이렇게 경제기사 읽기를 통해 상상과 데이터의 간극을 좁힐 수 있고, 전체와 부분의 크기와 깊이, 시간의 흐름을 감지해낼 수 있습니다. 지속적으로 경제기사를 읽으며 흐름을 알고 있으면 개인투자자의 마음이 편해집니다. 모르면 마음이 불안한데, 우리는 경제를 기사라는 매개를 통해 정면에서 마주보기로 했잖아요.

　이렇듯 경제기사를 읽는 투자자는 마음이 편하고, 시장의 소음에 흔들리지 않으며 멘붕(멘탈붕괴)으로 오는 잘못된 의사결정에서 벗어날 수도 있습니다. 결국 내 자산을 지키고 꾸준히 투자할 수 있는 8단계의 기술을 가질 수 있답니다.

　경제기사를 읽는 목적이 주식투자라면 더욱 부지런히 기사를 접해야 합니다. 조급하게 생각하거나 욕심 부리지 말고 이 과정을 느긋하게 즐기면 좋겠습니다.

경제기사와 투자를 병행하라

여러분들이 경제기사에서 인사이트를 찾기까지 어려웠을 것입니다. 경제기사 읽기 습관이 잡히고 어떤 기사를 우선순위로 읽어야 할지 알았다면 조금씩 주식투자와 병행하면서 경제기사를 읽는 것을 추천합니다.

이론과 실행을 병행해야 학습효과가 큰 것과 마찬가지입니다. 지금부터 경제기사에서 인사이트를 얻는 방법 8가지를 설명 드리겠습니다.

첫째, 경제기사는 종이 신문 또는 e신문으로 보세요

가능하면 신문 형태로의 구독이 필요합니다. 왜냐하면 지면의 면적과 배치된 위치에 따라 기사의 중요도를 알 수 있기 때문입니다. 즉 편집의 힘이죠. 시각적으로 더 임팩트 있게 머리에 남을 수 있다는 점에서 좋습니다. 더 중요한 것은 본전 생각입니다. 내 돈이 조금이라도 들어가면 아까워서라도 뭐라도 읽고 건지고 싶은 게 인간의 본능이기 때문에 신문 구독을 추천합니다.

둘째, '점'이 아닌 '선'으로 기사를 연결하세요

긴 시간의 축으로부터 산업과 기업의 진화를 이해하도록 노력해야 합니다. 기사는 '점'에 지나지 않기 때문에 당일 기사에서 세상이 변화하는 패턴을 꿰뚫어볼 수 있어야만 합니다. 결국 매일 경제기사라는 구슬도 꿰어야 보배가 될 수 있는 것이죠. 지난 기사와 오늘자 기사, 내일 기사의 연결점을 찾아보고, 오늘 신문 중에서도 국제면·산업면·금융면의 연결점을 찾아보세요.

어려우시다면 초반에는 이 방법도 좋습니다. 간단하게 선을 하나 긋고 키워드에 대해 주요 기사들의 제목을 기록해보세요. 마치 역사책 연도표처럼 정리해나가다보면 그 선 끝에 무언가 반드시 보일 겁니다.

셋째, 기술의 변화에 주목하세요

인터넷이 국가 간 경계선을 지웠다고 한다면, 데이터와 인공지능은 인간의 기능에 대한 물음표를 사회적 화두로 던져주고 있습니다. 뿐만 아니라 전자상거래는 전통적인 유통산업의 종말을 고하고 있고, 간편 결제 시스템은 무형의 디지털 화폐로 만들고 있습니다. 이렇게 기술에 관점을 두고 기사를 둘러본다면 보다 넓고 빠르게 인사이트를 얻을 수 있습니다.

넷째, 인간의 삶에 주목하세요

경제기사에서 사람들의 라이프 스타일을 확인할 수 있습니다. 사람들이 생각하는 것, 좋아하는 것, 구매하고 싶은 것이 무엇인지 꾸준히 관심을 가지고 기사에서 찾아보세요. 고객의 지갑을 열 수 있는 회사가 매출을 만들어낼 수 있고, 이익을 창출해 기업의 가치가 올라갈 수 있잖아요. 기업의 가치는 바로 주가로 이어지는 구조이니 결국 사람들이 좋아하는 기업의 주가는 오를 수밖에 없답니다.

다섯째, 자본주의의 원리를 깨우치세요

대부분의 나라들이 자본주의를 택하고 있습니다. 경쟁을 전제로 하는 자본주의 사회에서 부의 분배가 평등하지 않다는 전제를 인정해야 합니다. 돈은 자신을 불려줄 곳을 향해 필연적으로 쏠리게 마련입니다.

자본이 불어나는 속도는 노동으로 돈을 버는 속도보다 빠릅니다. 역사상 자본 소유의 격차가 심하지 않았던 적이 없었고, 자본수익률은 경제성장보다 언제나 상회했습니다. 그렇기 때문에 빈부격차는 더욱 심해졌다고 프랑스 경제학자 토머스 피케티(Thomas Piketty)가 말했습니다. 이러한 자본주의의 속성을 깨우치고 있어야 내 투자의 정당성과 필요성을 스스로에게 설득할 수 있습니다.

여섯째, 결국은 내 돈과 연결해야 합니다

경제기사를 읽는 내내 나의 자산 포트폴리오를 어떻게 세팅하고 리밸런싱할까를 염두에 두세요. 내가 가지고 있는 주식의 안부를 매일 기사를 통해 챙기는 것입니다. "물리면 저절로 공부가 된다"는 말도 있잖아요.

보유하고 있는 주식의 기업 공시, 실적, 인수합병 등의 소식을 체크해서 대응할 수 있어야 합니다. 그리고 그 다음에는 어떤 기업을 사들일까를 궁리하는 것도 경제기사를 통해 계획해볼 수 있답니다.

일곱째, 역발상 투자를 생각하세요

투자를 한다는 건 고독한 나그네의 길을 가는 것이라 할까요? 무리에서 떨어져나와 혼자 사색하고 분석하는 전략이 필요합니다. 사람들은 군중에서 편안함을 느낍니다. 남들 다 하는데 나만 하지 않으면 불안해서 뒤늦게 모멘텀에 올라탔다가 손실을 입는 경우가 바로 이런 이유 때문입니다.

아침에 경제기사에서 어느 기업의 호재 기사가 나면, 곧장 달려가서 장 시작과 동시에 높은 호가에 덜컥 매수하는 일이 종종 있습니다. 그렇게 매수하면 한두 시간 지난 뒤 주가가 하락하는 경우가 많습니다. 맛집도 TV에 나온 다음날은 북적이지만 며칠 지나면 한산하잖아요. 그러니 조금 더 냉철하게 생각하고 역발상 투자하는 연습을 해보세요.

여덟째, 겸손한 사고가 필요합니다

쉽게 예측하려 하지 않아야 하고, 내가 세운 가설이 틀릴 수도 있다는 것을 인정해야 합니다. 주가는 1만 2천 개의 이유로 오르고 내리기 때문입니다. 누가 왜 1만 2천 개냐고 묻길래, 특별한 뜻은 없고 '금강산 찾아가자 일만이천봉'에서 따왔다고 대답했습니다. 노랫말처럼 무수히 많은 이유가 있다는 점을 강조하고 싶었던 제 나름의 화법인 거죠.

내 논리의 오류를 다시 체크하는 것, 변수가 나타나 다른 결과가 나왔다면 그것도 다시 분석하는 게 우리의 숙제입니다. 결국 인간은 과거의 사례와 자료를 바탕으로 최대한 미래에 대한 예상을 해볼 수는 있겠지만 답은 신만이 안다는 것을 기억하고 늘 겸손해야 합니다.

매력적인 기업의 조건

매력의 사전적 의미는 사람을 끌어들이는 힘을 말합니다. 얼마나 기업이 매력적이어야 투자자의 선택을 받을 수 있을까요? 투자하고 싶은 기업을 매력적인 기업이라 명명하며 10가지 조건을 제시해보려 합니다.

투자자의 선택을 받는 기업들

첫째, 예측이 가능한 기업

재무제표를 봤을 때 최소 3개년의 실적이 예상되는 기업입니다. 비즈니스 모델이 안정적이어야 하고, 현금흐름과 영업이익이 우상향 그래프를 그릴 수 있어야겠죠. 물론 데이터만으로 미래를 예측하는 데는 한계가 있습니다. 오히려 미국 나스닥 기술주들의 성장은 예측 이상의 성과를 보여주고 있으며, 바이오도 임상 결과에 따라 종잡을 수 없이 주가가 오르내리기 때문입니다. 그래도 정량적 지표에 대한 기준은 필요하답니다.

둘째, 스토리가 명확한 기업

기업은 사업 포트폴리오를 구성할 때 신성장 사업을 항상 고민합니다. 소위 '미래 먹거리를 무엇으로 해야 할까'가 기업들에게 있어 지상 최대의 과제인 셈이죠. 그 성장 분야를 찾는 데 보여줬던 의사결정 과정, 합병과 인수, 추진력, 예산 지원 현황과 집행 등의 자료를 알아봐야 한답니다. 내재된 성공의 스토리가 있으면 또 다른 성공 스토리를 만들어 나갈 수 있으니까요.

셋째, CEO의 비전이 확실한 기업

마이크로소프트(MS)는 2010년 시가총액 1위를 애플에 내준 뒤 계속 내리막을 걷고 있었습니다. 그러나 사티아 나델라 CEO가 취임하면서 윈도우 사업이 아닌 클라우드로 사업을 전환하며 놀라운 부활을 보여줬습니다. 이렇듯 CEO가 어떤 비전을 가지고 기업을 이끌고 나가느냐에 따라 기업의 운명이 달려있습니다.

넷째, 자기 분야에서 1~2위 실력을 갖춘 기업

강한 브랜드력을 가진 애플, 코라콜라, 스타벅스, 메모리 반도체 1위 삼성전자, 프리미엄가전 1위 LG전자, 독점적 지위로 해자(경쟁사가 쉽게 넘볼 수 없는 진입장벽)가 분명한 KT&G 등 해당 산업에서 1~2위를 차지하는 기업들이 있습니다. 이런 기업들이 매력적인 이유는 경기 침체기에는 주가가 덜 하락하고 호황기에는 더 많이 뛰기 때문이죠.

다섯째, 심플하고 직관적인 비즈니스를 하는 기업

기업의 비즈니스는 중학생에게 설명할 수 있을 정도로 쉽고 간결해야 합니다. 무언가 복잡한 상호관계에 얽히면 역량을 집중하기 어려워 성장이 더딜 수밖에 없거든요. 조직원을 응집시켜 한 방향으로 가기 위해서라도 비즈니스는 직관적으로 알아볼 수 있게 심플한 게 좋습니다.

여섯째, if보다는 ing로 보여주는 기업

'미래에 무엇을 하겠다'며 계획만 거창하게 발표하는 기업이 있습니다. 보통 공장 규모나 생산량, 예상 매출 목표 등등을 부풀려 장밋빛 비전을 보여줍니다. 그러나 계획은 계획일 뿐 실현되지 못하는 경우가 대부분입니다. 제대로 실행해가고 있다면 중간중간 후속 기사가 따라 나오니까 참고해야 합니다.

일곱째, 10년 뒤에도 있을 기업

소위 단타 투자라 할 수 있는 데이 트레이딩(day trading)이 아닌 이상은 기업의 장기적 비전을 보고 투자를 합니다. 그래서 시장의 등락을 기회로 삼아 저렴할 때 추가 매수하며 더 높은 수익률을 추구하는 전략을 씁니다. 이렇게 긴 시간을 함께 갈 수 있는 기업을 골라야 합니다.

여덟째, 신상필벌이 확실한 기업

신상필벌(信賞必罰)은 공이 있는 사람에게 상을 주고, 잘못을 저지른 사람에게 벌을 준다는 의미입니다. 기업 내에서 이러한 기준이 명확하면 조직원들이 성과를 더 내려 하고, 부정을 경계함으로써 발전해 나갈 수 있기 때문입니다.

아홉째, 사회적 책임을 다하는 기업

Environment(환경)·Social(사회)·Governance(지배구조)의 약자를 따서 ESG라고 하는데, 쉽게 말하면 사회적 책임을 다하는 '착한 기업'입니다. 사람들이 투자 기업을 고를 때 재무적인 부분만 보는 게 아니라 비재무적 부분도 고려하겠다는 거죠. 기업에 투자하면서 공익과 실익을 모두 챙길 수 있기 때문에 ESG기업에 투자하는 운용자산이 늘어나고 있습니다.

열 번째, 내가 입사하고 싶은 기업

주식투자는 그 회사의 지분을 늘려가는 과정입니다. 위의 9가지에 해당하는 기업이라면 누구나 함께 성장하고 싶죠. 내가 나이가 많아서 또는 경력이 적당하지 못해서 그 기업에 입사할 수 없다면 그 회사의 주식을 사들임으로써 함께 성장하는 기분을 느끼는 것도 좋답니다.

부자들은 왜 아침에 경제기사를 읽을까요? 그들이라고 잠이 없어져도 아니고, 아침 시간이 한가한 것도 아닐 것입니다. 다만 오랜 기간 읽다보니 신문 한 편을 보는 데도 요령이 생겼기 때문이죠. 그들은 실행에 집중하기 때문에 경제기사를 빠르게 읽고 표리를 꿰뚫어본 후에 전략을 세웁니다. 매일 이렇게 3단계 사고 체계를 반복하고 있습니다. 우리도 신문 읽기 특별 훈련을 시작해보려 합니다. 돈이 되는 경제기사를 찾아 기술적으로 읽고 내 투자에 활용하는 상상력을 키워보도록 합시다.

경제기사 읽기,
기술이
필요하다

우리는 보통 이렇게 생각합니다. '경제 공부를 많이 하면 아는 것이 많아질 거야. 그리고 많이 알면 더 정확한 투자 결정을 내릴 수 있겠지? 그러니 우선 신문을 구독하고, 경제경영서를 100권쯤 읽자. 그런데 지금 너무 바쁘니 내일부터 해야겠다' 하며 슬며시 공부를 미루죠.

무턱대고 열심히만 경제를 공부하면 돈을 벌 수 있을까요? 방대한 뉴스와 정보량에 지쳐 한숨이 나올 때가 있습니다. '모두 다 알아야 할까? 뭣이 중헌디? 알아야 하는 우선순위를 누가 좀 알려줬음 좋겠다'라는 생각해본 적이 있을 거예요. 일단 해야 할 게 너무 많다면 좀 단순하게 줄여보는 시도를 먼저 해보면 좋습니다.

돈이 보이는 경제기사 8개의 카테고리

시험이 코앞인데 일본 만화책을 보면서 일어 공부를 하던 친구가 있었습니다. 다른 친구들은 시험 범위 내에서 필기했던 노트랑 기출 문제를 파며 공부를 하는데 말이죠. 넓게 보면 일본 만화책으로 재밌게 일어 공부를 해도 좋습니다. 하지만 학생 때 중간고사를 앞두고는 이런 공부법은 좋지 않습니다.

물론 경제기사도 호기심을 가지고 다양하게 보면 당연히 좋습니다. 그러나 우리가 경제 전문가나 증권사 리서치 담당처럼 많은 기사를 다양하게 봐야 하는 직업은 아닙니다. 회사에서 열심히 일하고 공부하고 육아도 해야 합니다. 이렇게 한정된 시간 속에서 경제기사를 읽고 최대의 효율을 뽑아낼 수 있는 카테고리 8개를 꼽아봤습니다. 결국 돈 되는 기사는 이미 정해져 있었습니다.

첫 번째는 금리와 금융입니다

금리의 종류는 정말 많습니다. 그중에서 가장 중요한 금리는 '기준금리'입니다. 기준금리란 한국은행이 물가 안정을 목표로 관리하는 정책금리를 말합니다. 시중 금리에 영향을 미치기 때문에 예금·적금뿐만 아니라 부동산 대출 금리와의 상관관계가 매우 높습니다. 당연히 경제기사에서도 중요하게 다

뭐집니다. 연 8회 발표하는 기준금리를 볼 때는 상승하는지 하락하는지, 얼마나 빠르게 조정하는지 방향과 속도를 파악해야 한답니다.

그 외 금융면도 눈여겨봐야 합니다. 새로 출시되는 금융 상품과 펀드 트렌드 등 정보를 빠르게 얻을 수 있어 간접투자에 도움이 되기 때문입니다.

두 번째는 반도체입니다

많은 산업 분야 중에 왜 반도체를 제일 우선해야 할까요? 우리나라 수출 품목 1위가 반도체이기 때문입니다. 2019년도 대한민국 10대 수출 품목은 반도체, 자동차, 석유제품, 자동차 부품, 평판디스플레이, 합성수지, 선박류, 철강판, 무선통신기기, 플라스틱 제품 순이었습니다. 그중 반도체는 939억 3,500만 달러로 17.3% 비중입니다. 그래서 반도체 기업인 삼성전자와 SK하이닉스가 나란히 코스피 시총 1, 2위를 차지하고 있습니다. 또한 4차산업의 쌀이 반도체이기 때문에 어떤 분야에서도 반도체의 수요는 점점 늘어날 수밖에 없답니다. 반도체 기사는 주식·펀드·ETF와 가장 상관관계가 높고, 어느 지역에 반도체 공장을 세우느냐에 따라 아파트 가격과 철도·도로 교통에도 의미를 줄 수 있을 정도로 중요한 주제입니다.

세 번째는 4차산업입니다

투자는 미래의 발전과 꿈을 미리 사는 것과 같습니다. 앞으로 펼쳐질 미래에서 사람들은 어떤 제품을 쓰고, 어떤 기술의 혜택을 받으며 생활하게 될지 항상 호기심을 가져보세요. 마치 SF영화의 시나리오를 상상해보는 것처럼 말이죠. 자율주행 등의 변화된 모빌리티, 인공지능, 5G세상, 세분화되는 콘텐츠 산업 등으로 대변되는 4차산업에 대한 기사를 챙겨보면 투자의 커다란 맥락을 미리 잡을 수 있답니다. 게다가 코로나19 이후 언택트 중심의 산업이 뜨면서 이 분야는 좀 더 다양하게 읽고 생각하셔야 하겠습니다.

네 번째는 미국 지표입니다

미국은 전 세계 GDP 1위이며 기축 통화인 달러와 에너지, 군사력을 모두 갖춘 강대국입니다. 또한 우리와는 교역국 순위로 2위이고, 북한 문제로 밀접한 관계를 유지하고 있습니다. '고용-소비-제조-생산' 등에서의 미국 지표는 우리나라 수출품목에도 많은 영향을 끼칩니다. 또한 미국 기준금리는 국내 기준금리와도 깊은 연관이 있기 때문에 미국 연준(Fed)의장이 발표하는 미국 기준금리도 빼놓지 않고 보시기 바랍니다. 만약 미국 주식에 직접투자를 한다면 미국 지표 관련 기사를 먼저 챙겨봐야 하는 건 두말할 필요가 없답니다.

다섯 번째는 글로벌 이슈입니다

글로벌 이슈 역시 미국이 가장 중요합니다. 그 외 일본과 중국, 유럽, 이머징 마켓에 대한 정세를 파악하고 있으면 글로벌 투자에 유리합니다. 2020년은 WHO 팬데믹 선언, 미중 무역 분쟁, 유가 급락과 OPEC감산 합의, 홍콩보안법 제정, 유럽 봉쇄 등이 중요한 글로벌 이슈였습니다. 그 나라 뉴스를 안다는 것에서 끝나면 안 되고, 나비효과처럼 우리나라와 내 자산에 미칠 영향을 함께 생각해봐야 합니다. 2020년은 코로나19 확진자 현황, 각국의 경기 부양, 미국 대선, 중국 화웨이 제재 등의 글로벌 이슈로 자산의 변동이 심한 해입니다. 이렇게 매년 글로벌 정세에 따라 내 자산도 영향을 받으니 우물 안의 개구리가 안 되려면 글로벌 이슈에 대한 흐름도 놓치지 말아야 합니다.

여섯 번째는 통계청 발표입니다

통계청 자료는 주제에 따라 전체와 부분에 대한 비교, 시간의 흐름에 따른 추이 변화를 주기적으로 알려줍니다. 우리가 모든 통계 보고서 전문을 읽어낸다는 것은 너무 어려운데, 경제기사를 통해 핵심만 전달받을 수 있으니 너무 편리하죠. 숫자와 그래프에 대한 독해력이 떨어진다면 더더욱 경제기사에서 통계자료를 보면 좋습니다. 연간, 월간, 주간 단위로 통계청 발표 자료를 가장 시의적절하게 해석하며 그래픽으로 쉽게 전달해주려고 합니다. 숫자는 거짓말을 못하니까요. 경제기사에서 팩트를 확인할 수 있는 지표인 통계청 자료를 잊지 않아야겠습니다.

일곱 번째는 부동산입니다

우리나라 가구 자산의 75%는 부동산입니다. 내집 마련이 일생일대의 꿈이 되어버린 상황에서 부동산 소식은 언제나 중요합니다. 특히 아파트 관련 소식이 많이 있습니다. 금융과 달리 부동산 관련 정보는 관심 지역에 대한 분양 소식, KB부동산 지표, 부동산 규제와 완화 정책, 세금 등으로 구조화시켜서 나누어 살펴보면 더 이해하기 쉽습니다.

여덟 번째는 정부 정책입니다

정부는 예산 및 금융, 건설 계획이나 부동산 관련 정책을 꾸준히 발표합니다. 간혹 놓쳤다가 큰 피해를 입을 수 있는 내용부터 알아두면 좋은 상식까지 다양한 정보를 포함하고 있습니다. 정부의 정책 방향을 알지 못하면 투자의 큰 흐름을 잡기가 어렵습니다.

다소 딱딱한 내용이더라도 핵심은 오히려 심플하니까 꼭 챙겨보는 기사 리스트에 넣어보세요. 단, 기사가 편향된 시점

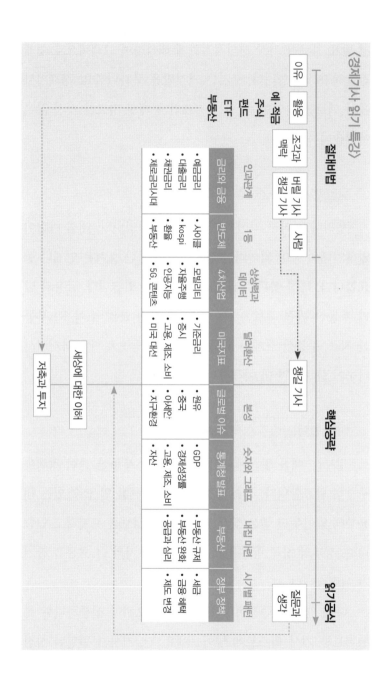

〈경제기사 읽기 특강〉

	절대비법				핵심공략			읽기공식	
이유	조각과 맥락	바를 기사/챙길 기사	사람			챙길 기사	분석	숫자와 그래프	질문과 생각
								내릴 미련	시기별 패턴
활용									
예·적금 펀드	인과관계	1등	성장발굴과 데이터	미국지표	글로벌 이슈	통계청 발표	부동산		
주식									
ETF	금리와 금융	반도체	6차산업	미국지표	글로벌 이슈	통계청 발표	부동산		정부 정책
부동산									
	· 예금금리	· 사이클	· 모빌리티	· 기준금리	· 원유	· GDP	· 부동산 규제		· 세금
	· 대출금리	· kospi	· 자율주행	· 증시	· 중국	· 경제성장률	· 부동산 완화		· 금융 혜택
	· 채권금리	· 환율	· 인공지능	· 고용, 제조, 소비	· 아세안	· 고용, 제조, 소비	· 공급과 심리		· 제도 변경
	· 제로금리시대	· 부동산	· 5G, 콘텐츠	· 미국 대선	· 지구환경	· 자산			

자축과 투자

세상에 대한 이해

으로 작성된 것 같다는 생각이 들면 정부 사이트에서 원문을 다운받아 균형 있게 보는 것도 좋습니다.

사실 이렇게 8개 카테고리를 머릿속에 넣어도 흐름을 파악하는 게 쉬운 일은 아닙니다. 물론 이 외에 본인이 관심이 가는 분야가 있다면 더하고 빼도 좋습니다.

결국 효과적으로 경제기사를 읽는다는 의미는 필요한 기사를 빠르게 Pick해 내게 맞도록 Fit하는 과정을 말합니다. 신문을 오픈하기 전에 머릿속에 8가지 카테고리 방을 만듭니다. 그리고 신문을 읽으며 그 방에 하나씩 하나씩 기사를 집어 넣습니다.

매일 모든 방을 기사로 채워 넣는 연습을 해보세요. 처음에는 방 하나도 채우기 힘들겠지만 습관으로 자리 잡으면 8개 방을 채우는 게 어렵지 않을 거예요. 방 모두에 기사가 꽉 차서 그 안에서 융합 작용이 일어나면 '경제기사 읽었더니 주식투자가 쉬워졌다'는 생각이 들 것입니다.

이제 경제기사를 쉽게 읽는 기술을 알려드리겠습니다. 읽기도 전부터 포기하고 싶은 기사에는 어떤 것들이 있을까요? 지면의 절반을 차지할 정도로 긴 기사, 숫자가 절반인 기사, 외계어 같은 전문 용어가 가득한 기사 등등일 것입니다. 하지만 어떤 형태의 기사라도 기사에서 전달하고자 하는 핵심문장은 분명히 있습니다.

일반적으로 기사의 가장 첫 문단에 핵심문장은 배치되어 있습니다. 문학작품처럼 기-승-전-결 형식으로 된 기사는 거의 없습니다. 먼저 하고 싶은 말을 던지고 시작한다는 점에서 서양식 글쓰기와 비슷하다고 볼 수 있죠.

그러나 가끔 부동산면이나 사회면, 문화면 기사의 경우 인용문이나 사례로 도입을 시작하는 경우가 있습니다. 독자의 호기심을 자극하거나 동질감을 느끼게 하기 위해서입니다. 조금 더 구체화된 이야기가 딱딱한 기사의 전반부에 나오는 것만으로도 기사의 가독성은 훨씬 높아지게 마련입니다. 보통 이런 기사는 두 번째 단락에서 주제가 등장합니다. 즉 기사도 어떤 주제를 풀어내느냐에 따라 핵심문장의 위치가 달라질 수 있다는 것도 기억하세요.

핵심문장을 찾았다면, 그 다음은 본문을 읽는 동안 핵심단어를 찾아 동그라미를 해볼까요? 가장 중요한 단어는 별표를 붙이는 것도 좋습니다. 기사에 별표가 여럿 되면 곤란하므로 1~2개 정도만 해보세요.

이제 기사 전문에 밑줄과 동그라미, 별표가 표시되었나요? 약간 떨어져 기사를 본다면 이 부분들만 읽어도 빠르게 무슨 내용인지 확인을 할 수 있답니다.

끝으로 핵심문장과 핵심단어들을 기억하며 전체 기사를 몇 개의 문장으로 만들어보세요. 보기 좋게 한 문단으로 요약할 수 있을 거예요. 조금만 연습한다면 긴 경제기사도 쉽게 줄여낼 수 있답니다.

기호	내용
⭕	핵심단어, 주요 숫자 등에는 동그라미!
☆	핵심단어 중 핵심단어 … 최대 3개까지만!
[ ]	큰 꺾쇠는 배경 문단으로 묶어낼 때
→ ↔	인과관계, 순서 대조 표시
↑ ↓	상승, 하락
①, ②, ③…	근거나 이유… 문장 앞에 표시
굵은 줄	핵심문장에만 표시
밑줄	주요 문장
물결	알아두면 좋을 보조 문장

2020년 8월 29일   매일경제

中 "미국이 위챗 금지하면 우리도 아이폰 쓸 이유없다"
중국인 94% "휴대폰 교체"

중국이 자국산 소셜네트워크서비스(SNS) 위챗을 미국이 실제로 금지하면 애플의 아이폰을 쓰지 않을 수 있다고 말했다. 자오리젠 중국 외교부 대변인은 28일 트위터에 "만약 위챗이 금지된다면 중국 사람이 아이폰과 애플 제품을 계속 써야 할 이유가 없다"고 썼다. 자오 대변인은 전날 외교부 정례 브리핑에서도 "많은 중국 사람은 위챗이 미국에서 실제로 금지되면 아이폰 사용을 그만두겠다고 말하고 있다"면서 "미국의 해적 행위는 이미 미국을 포함한 모든 국가 소비자·기업 권리와 이익에 피해를 줬다"고 비판했다. 이어 "미

국 정부는 조직적으로 자국 외 기업을 괴롭히고 있다"고 날을 세웠다.

중국에서 최근 진행된 온라인 설문조사에 따르면 응답자 80만 명 가운데 90%를 넘는 75만 명이 위챗을 못 쓰게 되면 아이폰 대신 다른 스마트폰을 쓰겠다고 답했다. 위챗은 중국에서 대화뿐 아니라 모바일 결제 등 중국인이 일상적으로 사용하는 애플리케이션(앱)이다. 이와 관련해 미국 정부의 위챗 제재가 현실화하면 애꿎은 애플이 우선 피해를 볼 가능성이 제기됐다. 아직 미국 행정부의 '거래 금지' 범위가 어디까지 영향을 미칠지 명

확하지는 않지만 애플 앱스토어에 위챗이 올라오지 못할 가능성이 있다는 관측이 나온다.

월스트리트저널(WSJ)에 따르면 중국 상하이 주재 미국상공회의소가 최근 회원사 중 140여 곳을 대상으로 설문조사한 결과 90%는 '위챗 금지 명령이 중국 내 미국 기업의 영업에 피해를 줄 것'이라고 답했다. 응답자 중 절반 이상은 위챗 금지가 중국 시장에서 경쟁력 손실을 초래할 것이라고 했고, 42%는 매출 감소로 이어질 것이라고 밝혔다.

안두원 기자

기사 요약

중국SNS 위챗을 금지하면 중국인들은 아이폰을 쓰지 않을 수 있다고 말했습니다. 중국인 80만 명을 대상으로 한 온라인 설문조사에서 90%가 다른 폰으로 갈아타겠다고 했습니다. 또한 상하이 주재 회원사들은 영업 피해를 입을 거라는 설문 조사 결과도 있었습니다.

용어 Tip

위챗 : 중국 기업 텐센트가 2011년 1월 출시한 모바일 메신저. 영어로는 위챗(wechat), 중국 발음으로는 웨이신(Wēixìn)임.

2020년 9월 1일   매일경제

[단독] 우리사주 미청약 물량, 개인에 준다
기존 기관배정에서 변경

앞으로 기업공개(IPO) 과정에서 우선 배정되는 우리사주 청약분에 미달이 발생하면 이 물량은 기관투자가가 아닌 개인투자자에게 청약 기회가 돌아간다. 또 고액 자산가의 개인 청약 '싹쓸이'를 방지하기 위해 소액 청약 추첨 구간을 신설해 주식이 고르게 분포될 수 있도록 유도할 방침이다.

31일 증권업계에 따르면 금융위원회와 금융투자협회는 이 같은 내용을 골자로 한 기업공개 절차 등을 규율하는 '증권 인수업무 등에 관한 규정' 개정안을 이르면 9월 말 발표할 예정이다.

증권업계 관계자는 "그간 우리사주에 신주 물량 20%를 먼저 배정하고 임직원이 소화하지 못한 물량을 기관투자가에 줬지만 앞으로는 개인투자자에게 더 주는 방향이 추진된다"며 "개인투자자 청약 과정에서는 고액 자산가가 수십억 원을 증거금으로 투자해 물량을 쓸어가는 것을 막기 위해 소액 투자자 청약 지분을 따로 설정하는 방법도 검토되고 있다"고 말했다.

금융위는 가령 개인투자자에게 주어지는 신주 20% 중 절반인 10%를 5,000만 원 이하 소액 개인투자자 청약구간으로 설정하고, 나머지 10%는 자산 규모에 상관없이 무한경쟁 청약구간으

로 나누는 방안을 고려하고 있
는 것으로 알려졌다. 증권사들은
자금이 풍부한 기관을 소외시키
고 자칫 IPO가 실패했을 때 증

권사가 떠안아야 하는 리스크가
크다는 우려를 내놓고 있다.

진영태, 박재영 기자

기사 요약

기업공개(IPO) 과정에서 우리사주 청약 미달분을 개인투자자
에게 주고, 소액청약 추첨 구간 신설 관련 법개정이 마련될 예
정입니다. 개인 물량 20% 중 절반은 5천만 원 이하 소액 투자
자에게, 나머지 절반은 무한경쟁 구간으로 분리하는 것을 고
려한다고 합니다. 다만 증권사 입장에서는 IPO 실패시 리스크
가 크다는 우려도 있습니다.

용어 Tip

기업공개(IPO : Initial Public Offering) : 기업의 주식이 증권시
장에서 공식적으로 거래되기 위해 상장하는 과정에서 기업의
경영 내역을 공개하는 것, 즉 증권시장에 공식적으로 등록하
는 것을 말함.

구조화하고 넘버링하라

한 페이지를 가득 채우는 긴 기사 앞에서도 작아지지 마세요. 기사를 읽을 때는 먼저 핵심문장을 찾아 읽고, 바로 기사 맨 뒤 문장을 읽어봅니다. 시간과 끝을 먼저 머릿속에 넣는 것이죠. 그리고 순서대로 본문을 읽어나갑니다. 사실 어마어마하게 텍스트가 많은 기사라도 살점을 발라내고 뼈대만 투시해보면 어렵지 않습니다.

대부분 기사는 굵직하게 '주제-전개-근거/사례-부연 or 반론'으로 흐르는 구조입니다. 그래서 주요 내용을 앞단에 배치하기 때문에 대부분의 기사들은 1/3만 읽어도 전체 내용을 파악할 수 있습니다. 집중도 있게 기사를 보고 패스하고 싶으신 분들은 여기까지만 읽어도 괜찮습니다.

그러나 경제기사 읽기 초보자라면 끝까지 다 읽으세요. 뒤로 갈수록 해설이나 요약, 정보들을 덧붙이는 경우가 많기 때문에 기사를 완벽히 이해하는 데 도움이 된답니다.

기사의 구조화

글을 읽으면서 머릿속으로 구조화시키는 능력은 독서력 중에서도 으뜸 기술입니다. 기사도 큰 틀에서는 실용문에 속합니다. 기사는 시간의 흐름 또는 설명과 예시를 반복하며 쓰여 있습니다. 독자가 이해하기 쉽도록 고도로 계산된 구조화된 글이 바로 기사입니다. 평소에 책을 많이 읽으시는 분들이 경제 기사도 잘 읽으시는 게 같은 이유 때문입니다.

기사를 처음부터 머릿속에 구조화하기는 어렵습니다. 그래서 주요 단락의 키워드를 찾아 순서도를 그려보는 것을 추천합니다. 따로 노트가 있으면 좋고, 아니면 기사에 중요 단락마다 형광펜을 긋고 핵심어를 써봅니다.

이렇게 해서 이야기의 전개 과정을 도형과 화살표를 사용해 흐름이 있는 하나의 표로 만드는 것이죠. 그렇게 나만의 기사 구조도를 그려봅니다(책 뒤편 부록의 '경제기사 노트 양식'을 참고하세요).

기사에 넘버링

그 다음은 본문의 근거나 사례 등의 내용을 추려보는 방법으로 넘버링을 해봅니다. 말 그대로 문장이나 단어 앞에 숫자를 '①, ②, ③…' 식으로 쓰는 거죠. 넘버링을 할 때는 텍스트 상의 숫자와 혼돈되지 않게 원숫자(원 안에 숫자가 들어있는)를 쓰는 게 좋습니다. 이 넘버링은 시간의 흐름에 따른 것일 수도 있고 중요도순일 수도, 비슷한 내용의 병렬 구조일 수도 있습니다.

보통 기사에서는 정보의 정확한 전달을 위해 여러 근거나 사례를 제시합니다. 본문에 넓게 흩어져 있지만 사실 단락별로 핵심만 뽑아서 표시를 한다면 눈에 훨씬 잘 들어옵니다. 많은 것 같은 내용도 사실 추려보면 심플하다고 볼 수 있죠.

2020년 9월 1일 매일경제

"신용카드는 보조수단"···메인 결제수단 넘보는 '페이'

쑥쑥 크는 간편결제 시장

80~90%가 신용·체크 연계
지금까진 카드사와 공생하지만
충전식·은행계좌로 무게 이동
점유율 놓고 대격돌 예고

럭셔리 차별화·무조건 카드···
카드사, 혜택 중무장 '맞불'

핵심문장

지급결제 시장의 주도권이 실물카드에서 간편결제 서비스인 '페이(Pay)'로 넘어가고 있다. 비대면 결제가 활성화하고 코로나19 사태까지 겹치며 더 이상 실물카드의 필요성이 줄어들면서다. 생존 위협을 느낀 카드사들은 페이 업체에 대항하기 위한 전략을 세우고 있다.

용어설명

네이버페이나 카카오페이 등 각종 간편결제 서비스는 모바일 애플리케이션(앱)에 카드나 은행 계좌를 등록한 뒤 간단한 인증으로 결제하는 방식이다. 현재 간편결제액에서 신용·체크카드를 포함하는 비중은 약 80~90%에 이른다. 한국은행에 따르면 지난해 카드 기반 간편결제서비스 하루 평균 이용 건수는 2017년 말(210만건)보다 186.7% 증가한 602만건이었다. 같은 기간 이용 금액은 655억 원에서 166.4% 증가한 1,745억 원이었다.

현황 설명

카드사 입장에서도 페이 결제액이 늘어날수록 카드 결제액이 늘어나는 구조라 이득이다.

사건 전개

문제는 간편결제 업체들이 카드보다는 은행 계좌에 연결해 돈을 충전하는 결제 방식을 키우고 있다는 점이다. 카드와 달리 고객들이 일정 금액을 업체에 충전해두기 때문에 업체로서는 '록인(Lock-in) 효과'를 노릴 수 있다. 록인 효과란 소비자를 플랫폼 안에 묶어두는 전략이다.

예를 들어 네이버파이낸셜은 결제 시 네이버페이를 5만 원 이상 충전하면 포인트를 1.5% 적립해준다. 쿠팡도 쿠페이 머니 결제 시 최대 1%를 적립해준다. 고객으로선 사실상 카드 등 다른 결제 수단보다 페이를 이용하면 가격 할인 혜택을 받는 셈이다. 카드사로선 계좌 기반 간편결제액이 커질수록 설 자리가 줄어든다.

박태준 여신금융연구소 실장은 '간편결제 서비스의 등장과 카드업 영향 분석' 보고서에서 "장기적으로 신용카드가 비금융 간편결제 서비스 업체에 탑재되는 여러 지급 수단의 하나로 전락해 지급결제 시장에서 카드사 주도권이 약화될 가능성도 배제할 수 없다"고 말했다. 여기에 코로나19로 사람들이 외출을 꺼리면서 오프라인 매장 카드 결제도 줄어들었다. 기획재정부에 따르면 코로나19 확산이 빨라진 8월 셋째 주(17~23일) 카드 국내 승인액은 한 해 전보다 0.8% 증가하는 데 그쳤다. 경제규모 성장과 물가상승률에 따라 통상 전년 대비 4~5% 증가하지만 0%대 증가에 그친 셈이다.

해결
방안

카드사들도 간편결제 업체에 맞서 다양한 결제 방식을 내놓고 있다. BC카드는 사람 없이 앱으로 결제하는 '무인 결제'를, 신한카드는 얼굴로 결제하는 '페이스 페이'를 선보였다. 롯데카드는 센서에 손바닥을 갖다 대면 결제되는 '핸드 페이'를 출시했①다. 실물 카드 없는 비대면 결제를 준비하는 것이다.

카드사들은 고객에게 신용을 빌려주고 다양한 혜택을 주는 신용카드 기능을 살리는 데도 집②중하고 있다. 카드사 전략은 크게 충성도 높은 VIP 고객을 위한 '초고가 신용카드'와 20~30대 등을 위한 저렴한 연회비에 실속 있는 '무조건 카드' 등 두 가지로 나뉜다.

연회비가 수백만 원에 이르는 초고가 신용카드에는 VIP 고객 입맛에 맞춘 각종 혜택이 담겼다. 예를 들어 현대카드 '더 블랙 에디션2'는 연회비만 250만 원에 이른다. 카드사가 초청한 고객만 카드를 발급받을 수 있다. 명품, 호텔, 쇼핑 할인권은 물론 여행과 문화, 미식 정보 안내 서비스 등이 제공된다.

20~30대와 실속을 챙기는 고객③을 위해 전월 실적 조건 없이 혜택을 주는 '무조건 카드'도 인기다. 윤종문 여신금융연구소 연구위원은 "빅데이터를 이용해 고객들이 원하는 부가서비스를 내놓는 등 카드사들이 (다른 결제 수단과) 차별화된 혜택을 줄 수 있어야 한다"고 말했다.

이새하, 한상헌 기자

핵심문장

'페이' 메인결제 수단 가나?

풀이: 실물카드에서 간편결제로 넘어가고 있다.

용어 설명

'페이'란 무엇인가?

풀이: 간편결제는 카드나 은행계좌를 등록한 뒤
간단한 인증으로 거래가 가능한 서비스다.

현황 설명

카드와 은행계좌 동등

풀이: 카드사 입장에서는 간편결제가 늘어날수록
카드 결제액도 늘어나는 win-win 구조였다.

사건 전개

'페이'는 은행이 유리

풀이: 점점 간편결제사들이 고객 록인(rock-in) 효과를 노려
은행계좌에서 돈을 충전해두는 방식에 혜택을 부여했다.

해결 방안

카드사 해결 방안 모색

풀이: 카드사도 해결책을 강구한다.
'① 비대면 결제 ② VIP형 카드 ③ 실속형 카드'

구조화하고 넘버링하라 예시2

2020년 9월 10일   **매일경제**

[단독] 구광모의 車전장 잰걸음…日혼다 새고객으로
LG전자, 혼다에 텔레매틱스 공급

> 올 2월 캐딜락 수주 등 속속 성과
> 올해 전장 부문에 9천억 투자 등
> 공격행보로 내년 흑자전환 노려

핵심문장

LG전자 전장 사업 부문이 주요 자동차 업체인 혼다와 차량용 무선인터넷 기술인 텔레매틱스 부품 공급 계약에 성공해 새 고객을 확보하면서 수익성 개선을 통한 도약을 노린다. 이 회사의 전장 사업을 맡고 있는 자동차 솔루션(VS)사업본부는 2016년 이후 18분기 연속 적자를 기록해왔는데, 내년 흑자 전환을 목표로 하고 있고 캐딜락을 비롯해 작년 이후 잇단 수주성과들이 수익성 개선 작업에 도움이 될 것이라는 기대가 나온다. 특히 전장 사업은 구광모 LG그룹 회장이 미래성장 사업으로 적극 밀고 있는 분야인 만큼 적극적인 투자·지원을 통해 사업에 더욱 속도가 붙을 것이라는 분석도 있다.

9일 업계 등에 따르면 LG전자는 2022년 생산될 혼다 제품에 차량용 텔레매틱스를 납품하는 계약을 체결했다. 텔레매틱스는 차량 간 통신이나 인터넷 등 기능

용어설명

104

을 하기 때문에 스마트카의 핵
심 부품으로 꼽힌다.

특히 LG전자가 혼다에 전장 제
품을 납품하는 것은 이번이 처
음이다. LG전자는 꾸준히 혼다
에 부품 공급 의지를 전달해 왔
고 오랜 노력과 품질 개선·검증
등을 거쳐 이번 결실을 맺게 됐
다는 게 업계 분석이다. LG전자
주요 거래처는 미국 제너럴모터
스(GM)캐딜락을 비롯해 일본
도요타자동차, 현대·기아자동차
등으로 알려졌는데 이번에 혼다
가 추가됐다. 정확한 계약 규모
는 알려지지 않았지만 업계에서
는 신차 출시 주기에 따라 LG전
자가 상당량의 납품 규모를 확
보했을 것으로 보고 있다.

이번 거래에 맞춰 LG전자와 혼다
는 관련 제품 개발을 위한 협업
에 돌입한 것으로 알려졌다. 혼다
에 납품하는 텔레매틱스는 인천
과 베트남 하이퐁에 위치한 LG전

자 공장에서 생산하게 된다.

LG전자가 텔레매틱스 사업에서
모처럼 대형 수주를 따내면서
이 시장에서 입지도 강화할 수
있을 것으로 보인다. 스트래티지
애널리틱스(SA)에 따르면 LG전
자는 글로벌 텔레매틱스시장에
서 2018년 19.6% 점유율을 기록
했으나 작년에는 17%로 내려갔
다. 3~4년 전까지 글로벌 1위 수
준이었지만 작년에는 독일 콘티
넨탈에 그 자리를 내줬다는 분
석이 업계에서 나온다. 하지만
이번 혼다 수주를 적극 활용해
협력관계를 확대해 나가면 이
같은 판도에 변화를 줄 수 있다
는 전망도 나온다. SA에 따르면
글로벌 텔레매틱스시장 규모는
올해 약 43억달러에서 2025년
약 70억달러까지 커질 전망이다.

이번 수주는 LG그룹의 전장 사
업 전반에도 긍정적 효과를 낼
수 있다. LG전자는 지난 2월 캐

①딜락의 2021년형 에스컬레이드 모델에 디스플레이와 인포테인먼트로 구성된 '디지털콕핏'을 공급하기로 했다. 이 밖에도 최근 1~2년 새 벤츠 신형 S ②클래스에 인포테인먼트를 공급하는 계약과 현대차 제네시스 GV80·G80 모델에 인포테인먼 ③트·디스플레이를 공급하는 계약 등을 따낸 것으로 알려졌다.

구광모 회장은 전장 사업 부문을 미래 성장동력으로 보고 지원하고 있다. LG전자는 올해 VS 사업본부에 가전 사업 투자 규모와 맞먹는 수준인 8,985억 원을 투입할 예정이다. 2018년에는 1조 4,400억 원을 들여 오스트리아 차량용 램프회사 ZKW를 인수하기도 했다.

김규식, 이종혁, 황순민 기자

주제
강조

핵심문장

LG전자의 텔레매틱스 수주

풀이: LG전자가 혼다 자동차 텔레매틱스 부품공급계약에
성공함으로써 전장 사업 수익성 개선이 기대된다.

용어 설명

'텔레매틱스'란 무엇인가

풀이: 텔레매틱스는 차량 간 통신이나 인터넷 등의 기능을 하는
스마트카의 핵심 부품이다.

사업 진행

LG전자와 혼다는 관련 개발 진행

풀이: 양사는 관련 제품 개발을 위한 협업에 돌입했고,
인천과 베트남 공장에서 생산 예정이다.

향후 전망

전장산업시장에서 입지 강화 전망

풀이: LG전자의 잇단 대형 수주 성공으로 시장 내 입지 강화가 예상된다.
'① 캐딜락 ② 벤츠 ③ 현대 자동차'

주제 강조

그룹 미래 성장동력으로 아낌없는 지원

풀이: 구광모 회장의 전폭 지원으로
연구개발과 M&A가 이뤄지고 있다.

배경 문단도 킵(Keep)하라

꼭 챙겨봐야 하는 배경 문단 3가지

기사를 읽다보면 흐름과 상관없이 배경 문단이 들어 있습니다. 기사 이해도를 높이기 위해 과거 기사 정보를 요약해준다거나, 반대편 관점에서 짚어준다거나, 관계자의 말을 인용해 신뢰성을 높여주는 역할을 하죠.

이런 배경 문단은 특히 경제기사 읽기 초보자들에게는 큰 도움이 된답니다. 꼭 챙겨봐야 하는 배경 문단 3가지를 소개해 드리겠습니다.

첫째, 과거 기사 요약입니다

매일 기사가 겹친다고 생각할 수도 있지만 사실은 사건이 조금씩 진척되고 있어 후속 기사 형태로 등장합니다. 그럴 때 기자는 본문 내에 지난 기사를 살짝 요약 정리해줌으로써 독자가 쉽게 이해할 수 있도록 해주죠.

매일 경제기사를 읽지 않는 분들에게 이런 단락은 흐름을 이해하기에 좋으니 고마울 뿐이죠. 또한 나이를 먹어가며 기억력이 자꾸 떨어지는 입장에서는 지난 기사 요약 문단은 언제 만나도 반갑습니다.

둘째, 반대편 입장을 정리해줍니다

글의 기본은 일관성과 통일성입니다. 경제기사 역시 이 법칙에서 벗어나지 않습니다. 그러나 어떠한 현상을 한쪽 시각에서만 일방적으로 기술한다면 독자의 시각은 편향될 수밖에 없습니다.

그래서 보통 마지막 단락에 '한편' '반면에'라는 단어로 시작하는 반대편 입장도 간단하게 언급해주는 경우가 많습니다. 독자는 이 부분을 보면서 다른 측 입장에 대한 이해를 높이거나 주의할 점에 대해 경각심을 가지기도 합니다.

셋째, 관계자의 말을 인용합니다

기사는 기자가 어떤 현상을 취재하고 이를 해석한 후에야 쓴 글입니다. 여기에 정확한 소속과 이름을 밝힌 관계자의 인용문이 들어간다면 전문성과 신뢰성이 증폭되는 효과를 누릴 수 있습니다.

기사 입장에서는 정확히 확인했다는 증거가 될 수 있고, 관계자 입장에서는 소속을 노출함으로써 약간의 홍보 효과도 누릴 수 있습니다. 그리고 독자는 긴 호흡의 서사문에 짧은 호흡이라도 인용문이 들어가니 좀 더 리듬감을 느낄 수 있습니다.

Q. 분명히 유망한 종목이라 추천받았는데 왜 제가 투자하면 실패할까요?

A. 우리는 '끌림'보다는 '쏠림'을 좋아하는 것 같습니다. 바이오, 2차전지, 전지 관련주, IT 소재주, 풍력·태양광 등등 어디서 추천한다 싶으면 무작정 앞뒤 없이 사고 보는 것을 자제해야 할 것 같습니다. 장기적으로 성장할 산업이라도 특별한 이벤트가 있으면 갑자기 주가가 롤러코스터를 타듯이 급등락을 반복합니다. 그러나 주린이라면 테마주일수록 눈을 감고 귀를 닫는 게 좋습니다. 무언가 뉴스가 떴을 때 몰려가는 사람만큼 어리석은 것도 없으니까요. 차분히 생각해보시고 투자를 결정하시면 좋겠습니다.

2020년 8월 27일   매일경제

TSMC "2나노 공장 만들겠다"…삼성과 초미세공정 경쟁 불꽃
대만 신주지역에 22조 투자

글로벌 파운드리(반도체 위탁생산) 세계 1위 기업인 대만 TSMC가 2나노(nm) 공정 신규 공장 건설을 공식화했다. TSMC와 함께 파운드리 업계를 선도하고 있는 삼성전자 역시 승부가 최첨단 미세공정(회로 선폭을 줄이는 기술)에서 날 것으로 판단하고 적극적인 기술 개발과 투자에 나서고 있어 양사 간 기술 경쟁이 더욱 치열해질 전망이다.

26일 업계와 외신 등에 따르면 TSMC는 전날 온라인 테크 심포지엄을 통해 대만 신주 지역에 2나노 팹(공장)을 건설하는 계획을 공개했다. 이 회사는 공장을 짓기 위해 용지 확보 절차를 밟고 있다고 밝혔다. TSMC는 2021년에 신주 2나노 연구개발(R&D)센터 운영을 시작한 뒤 인근 용지에 관련 생산라인을 구축한다는 계획이다.

센터에는 총 8,000여 명의 연구원과 엔지니어를 수용하게 될 전망이다. 2나노 기술에는 차세대 트랜지스터 구조인 'GAA(Gate-All-Around)'가 적용될 것으로 관측된다. 니혼게이자이신문은 TSMC 2나노 팹 건설에 약 2조엔(약 22조 원)이 투

입될 것으로 예상했다. 대만 디지타임스 등에 따르면 TSMC는 현재 2나노와 관련해 한 대형 고객사와 협력하고 있는 것으로 알려졌다.

나노는 반도체 회로 선폭을 의미하는 단위로 선폭이 좁을수록 소비전력이 감소하고 처리 속도가 빨라진다. 고성능 칩에 대한 수요가 늘어나면서 파운드리 '2강'인 TSMC와 삼성전자의 미세공정 경쟁에도 불이 붙었다. 현재 7나노 이하 초미세 공정 기술은 삼성전자와 TSMC 두 회사만이 보유한 것으로 평가받는다.

TSMC와 삼성전자는 올해 나란히 5나노 반도체 양산에 돌입한 것으로 파악된다. 업계에서는 3나노 공정을 활용한 칩은 2022년께야 양산이 가능할 것으로 보고 있다. 삼성전자는 올 상반기 5나노와 8나노 중심으로 투자를 진행했고, 현재 4나노 공정 개발에 돌입한 상태다.

황순민 기자

기사 요약

세계1위 파운드리(반도체 위탁생산)업체인 대만의 TSMC는 2나노 공정 신규 공장 건설을 공식화했습니다. 2021년에 대만 신주 지역에 개발센터 운영을 시작한 후 생산라인을 구축한다는 계획입니다. [배경 : TSMC와 삼성전자는 2020년 5나노 반도체 양산에 돌입한 것으로 파악되고, 3나노 공정을 활용한 칩은 2022년 양산이 가능할 것으로 보입니다.]

나노(nano) : 고대 그리스어로 '난쟁이'를 뜻하는 '나노스 (nanos)'에서 유래. 반도체 회로 선폭을 의미하는 단위로, 선폭이 좁을수록 소비전력이 감소하고 처리속도가 빨라짐. 일반적으로 많이 사용되는 단위인 미터(m)를 기준으로 본다면, 1나노미터는 10억분의 1미터에 해당.

반도체 미세공정 단위

m	meter	미터	1m
cm	centi	센티미터	10^{-2}m
mm	milli	밀리미터	10^{-3}m
μm	micro	마이크로미터	10^{-6}m
nm	nano	나노미터	10^{-9}m
pm	pico	피코미터	10^{-12}m
fm	femto	펨토미터	10^{-15}m
am	atto	아토미터	10^{-18}m

2020년 9월 10일   매일경제

무모함? 자신감?…코스피 급락막은 동학개미

> 외국인 대량 매도 불구하고
> 개인 5,100억 원 순매수 방어
> 신용융자 통한 '빚투' 우려

국내 개인투자자들의 한국 주식 매수세가 파죽지세다. '도대체 이 많은 돈이 어디서 나오는 것인지 놀랍다'는 말이 나올 정도다. 이 때문에 8일(현지시간) 미국 뉴욕 3대 증시는 폭락했지만 한국 코스피와 코스닥은 모두 1% 정도 하락하는 데 그치며 선방했다.

과거 개인투자자들이 국내 주식시장에 무관심할 때는 미국 증시가 폭락하면 한국 증시는 이보다 더 큰 폭으로 하락하는 동조화 현상이 극심했지만 코로나19 창궐 후 개인투자자들이 증시의 가장 큰손으로 등극하면서 미국발 증시 하락에도 굴하지 않고 돈을 넣으면서 증시를 방어하고 있는 모습이다.

하지만 개인들 매수 중 상당분은 신용융자를 통한 '빚투'이기 때문에 한국 증시도 조정권에 진입할 경우 의외로 큰 타격을 입을 수 있다는 경고도 나온다.

9일 코스피는 2375.81로 전일 대비 1.1% 하락하는 데 그쳤다.

코스닥 역시 869.66으로 장을 마감해 1% 하락했다. 앞서 폐장한 미국 나스닥이 4.1%, S&P500지수가 2.8% 하락한 것에 비하면 '선방했다'는 평가를 받는다.

한국 증시는 한동안 미국 증시에 지나치게 휘둘리는 '약체' 평가를 면치 못했다. 한국 주식시장의 40% 가까이를 보유한 외국인 영향력이 워낙 커 각 종목의 펀더멘털이나 국내 상황보다 대외적 요인에 더 많이 흔들렸던 부분이 컸다. 수출주 위주로 구성된 증시 성격도 한몫했다.

그러나 코로나19로 개인들이 속속 국내 주식시장으로 들어오면서 상황은 달라졌다. 개인투자자들은 증시가 '폭락'할 요인이 있을 때마다 막대한 자금을 넣었다. 8일 나스닥 이후 9일 개장한 한국 시장에서 개인은 5,100억 원어치 이상 순매수했다. 실제로 개인들 매수 여력도 상당

하다. 금융투자협회에 따르면 지난 8월 10일 안정적인 50조 원대에 안착한 투자자예탁금은 카카오게임주 공모주 청약을 계기로 60조 원을 돌파했고 지난 8일에도 59조 4262억 원을 기록하며 60조 원대를 오가고 있다.

그러나 일부에서는 개인들의 이 같은 공격적 매수에 우려의 시선도 보낸다. 신용거래 융자를 통한 '빚투'가 꾸준히 늘고 있기 때문이다. 연초 9조 원대였던 신용거래 융자는 3월 대폭락할 때 6조 원대로 하락했다가 5월 10조 원, 6월 12조 원, 7월 14조 원, 8월 15조 원을 차례로 돌파하며 폭증하더니 9월 들어서는 16조 원대까지 늘어났다.

'빚내 투자'가 급격히 증가하는 것은 증시 과열의 전형적 신호로 여겨진다. 이 때문에 전문가들은 공격적 매수로 인한 후유증을 우려한다.

박인혜, 우제윤 기자

기사 요약

국내 증시는 개인투자자들의 강한 매수세에 힘입어 2020년 9월 8일 뉴욕 3대 증시는 폭락했지만 국내 코스피와 코스닥은 1% 정도 하락하는 데 그쳤습니다. 그동안 국내 증시는 미국 증시에 지나치게 흔들리던 장세였는데 코로나19 이후 개인의 막대한 자금이 유입되며 개인투자자의 영향력이 세졌습니다. 그러나 신용거래융자액이 폭증한 '빚내투자'이기에 증시 과열 신호로 보며 후유증을 우려합니다. [배경 : 신용거래융자액이 폭증한 '빚투(빚내투자)'는 증시 과열 신호로 볼 수 있어 후유증이 우려됩니다.]

용어 Tip

빚투 : '빚을 내어 투자한다'는 요즘 말로, 증권사의 신용융자를 통한 투자이기 때문에 주가 하락시 담보가치가 일정 비율 이하로 떨어지면 대출자의 의사와 상관없이 강제로 주식이 처분될 수 있어 위험함.

배경 문단도 킵(Keep)하기 예시3

- 관계자의 말 인용 -

2020년 10월 16일 　　　　　　　　　　　　　　　　 매일경제

부동산 사던 은행들 이젠 "팔자"
은행 부동산 매각 러시

지점 건물부터 연수원 용지까지
올해 1,200억 처분
임대 수익보다 매각후
현금확보가 실익 크다 판단

하나은행은 올해 들어 서울 시흥동지점 등 17건의 부동산을 팔아 2,000억 원에 가까운 현금을 확보했다. 여기엔 서울 강남 구청역점, 목동사거리점 등 고객들의 왕래가 많았던 중복 지점도 대거 포함됐다.

KB국민은행도 지난달 대전 유천동 점포를 33억 원에 매각하며 본격적인 부동산 구조조정에 나서고 있다. 시중은행들이 알짜 부동산을 잇달아 팔면서 몸집 줄이기에 나섰다. 코로나19와 제로금리로 인해 은행 실적은 줄어드는데 비대면 활성화로 지점 유지 필요성이 떨어졌고, 부동산 임대 수요가 급감하면서 보유 부동산 매물을 대거 내놓고 있다.

16일 금융권에 따르면 KB국민·신한·하나·우리·NH농협 등 5대 은행의 업무용 부동산 장부금액

합계는 지난 9월 말 11조 9,202억 원으로 나타났다.

업무용 부동산은 은행들이 보유한 연수원이나 사택, 영업점포 등을 뜻한다. 이 부동산 규모는 2017년 말 11조 6,772억 원, 2018년 말 11조 8,961억 원, 작년 말 12조 431억 원으로 꾸준히 늘다가 올 들어 9개월 새 1,229억 원이 감소한 것이다.

시중은행 한 부행장은 "작년까지만 해도 유휴부동산을 리모델링해 임대 수입으로 잡는 경우가 많았는데 코로나19로 임대 수요가 줄고, 착한 임대인 운동으로 월세도 낮추는 추세라 임대 대신 매각을 선호하고 있다"고 말했다.

5대 은행의 올 상반기 순이익은 4조 8,807억 원에 그쳤다. 작년 동기(5조 7,157억 원) 대비 14.6% 줄었다. 올 3분기 순이익도 작년 대비 감소할 것이란 전망이 나와 있어 은행들의 리스크 대비가 요구되고 있는 실정이다.

5대 시중 은행 점포는 지난 9월 말 현재 4,538곳이다. 올 들어 121곳이 사라졌는데 2017년 말 (4,728곳)에 비하면 2년 9개월 만에 190곳이 감소했다. 은행권 관계자는 "금감원 요구로 점포 폐쇄 분위기가 일시적으로 줄어들 수는 있지만 중장기적으로는 비대면 전략으로 점포 축소가 불가피할 것"이라고 말했다.

문일호, 김혜순 기자

시중은행들이 비대면 활성화와 임대료 수익 하락을 이유로 부동산을 매각하고 있습니다. 코로나 19와 제로금리로 은행 실적이 줄어들고 비대면 활성화로 지점 유지 필요성이 떨어졌고, 부동산 임대 수요 급감까지 겹쳤습니다. [배경 : 금감원 요구로 점포 폐쇄 분위기는 일시적으로 줄겠지만 중장기적으로 비대면 전략은 유효합니다.]

용어 Tip

착한 임대인 운동 : 경기 침체로 소상공인들이 영업에 어려움을 겪자 건물주들이 임대료를 먼저 깎아주는 것을 말함. 임차인이 살아야 임대인도 안정적인 수익을 얻을 수 있기 때문에 상생 차원에서 시작된 것이 전국적으로 번지며 '착한 임대인 운동'이라는 신조어가 생겨났음. 정부도 임대료 인하 건물주에게는 세금 혜택을 주기로 발표하며 착한 임대인 운동은 더욱 확산될 전망임.

실전! 돈 되는 기사에 형광펜을 긋자

지금까지 배웠던 경제기사 읽기 기술을 종합해보겠습니다. 우리가 제일 먼저 해야 할 일은 수많은 기사 중에서 돈이 되는 경제기사를 먼저 찾는 것이죠. 제가 8가지 카테고리를 말씀드렸어요. 금리와 금융, 반도체, 4차산업, 미국 지표, 글로벌 이슈, 통계청 발표, 부동산, 정부정책, 이렇게 8가지 카테고리를 머릿속에 방을 만들어 하나씩 채워 나가면서 봐야 합니다. 그 다음으로 본격적으로 기사 읽기에 기술 들어갑니다. 핵심문장에 형광펜을 긋고, 핵심단어에 동그라미와 별표를 합니다. 본문 전체의 주요 단락에 키워드를 쓰면서 구조화해요. 그리고 근거나 사례에 원숫자를 표기합니다. 끝으로 배경 문단에 대괄호를 엮어주면 개별 기사 읽기는 끝이 납니다. 여기까지 기술적으로 경제기사 읽는 방법이었습니다.

　그냥 눈으로 읽으면 되지 학생도 아닌데 필기하듯 경제기사를 봐야 하나 반문하실 수도 있습니다. 그러나 이렇게 줄을

굿고 적절한 기호를 마킹하면 긴 기사의 가독성이 높아진답니다. 또한 평범했던 기사 지문이 생동감 있고 강약중강약을 느낄 수 있어 보다 효과적으로 기억에 저장할 수 있다는 장점도 있습니다. 그리고 기사 요약 끝에 자신의 생각이나 향후 전개 방향, 투자 인사이트 등을 그려보세요. 이 과정을 지속 반복하는 습관을 만들어보시면 좋겠습니다. 여기까지만 잘 따라와도 경제기사 읽은 효과가 나타날 수 있으니까요.

자, 이제 제가 직접 기사에 형광펜을 그은 예시를 보여드리겠습니다. 전혀 어렵지 않으니 여러분도 따라 해보세요. 장담하건대 형광펜을 들고 기사 위를 지나는 순간, 텍스트가 형광펜을 타고 올라와 머릿속으로 흡수되는 묘한 기분을 느낄수 있을 거예요.

실전! 돈 되는 기사에 형광펜 긋기 예시1

2020년 9월 5일   매일경제

알짜자산 된 주차장…이랜드리테일, 운영권 팔아 1,200억 조달
유통기업 첫 주차장 유동화

> NC百 등 21개 점포 주차장
> 맥쿼리에 10년 이용권 넘겨
> 주차장 활용사례 확산 주목

쇼핑 고객을 위한 편의시설로, 비용만 나가던 곳으로 인식되던 '천덕꾸러기' 주차장이 유통기업에 보물이 돼서 돌아왔다. NC백화점과 뉴코아아울렛 등을 운영하는 이랜드리테일이 점포 주차장 10년 운영권을 넘겨 1,200억 원의 자금 조달에 성공했다. 또 최근 주차장 관리 기업 하이파킹이 휴맥스 컨소시엄에 매각되는 등 주차장이 새로운 황금알로 떠오르고 있다.

4일 이랜드그룹에 따르면 이랜드리테일은 자사가 보유한 NC백화점과 뉴코아아울렛 등 21개 점포 주차장 10년 운영권을 지난달 31일 맥쿼리자산운용에 1,200억 원에 매각하며 자산 유동화에 성공했다. 이 같은 유통기업의 주차장 운영권 매각은 국내 최초 사례다.

이번 자산유동화 거래를 통해 이랜드리테일은 현금 1,200억

원을 손에 쥔다. 맥쿼리자산운용은 이랜드리테일 21개 점포 주차장 운영권을 10년 동안 확보하는 한편, 이랜드리테일로부터 매년 1,200억 원의 4%대에 해당하는 금액을 주차장 사용료로 받게 된다. 주차장 운영권은 10년 뒤 이랜드리테일로 다시 돌아오게 된다.

이랜드그룹은 최근 4년간 사업 부문 매각과 더불어 차입금 구조를 장기로 바꿔 안정적인 재무구조를 짜는 데 주력해왔다. 이 같은 재무구조 개선 움직임의 추가 카드로 주차장을 꺼내든 것이다. 이랜드리테일은 운영권 매각 이후에도 사용권한을 기존과 같이 유지해 고객에게 동일한 주차 혜택을 제공할 방침이다. 맥쿼리자산운용은 주차장 운영 기업을 선정해 기존 이랜드리테일 점포로부터 일정 수수료를 받는 한편, 주차 공간이 비어 활용도가 높은 주중에는 주차 공간 재판매 등을 통해 플러스 알파 수익을 추구하는 것으로 알려졌다. 이 과정에서 노후 주차설비 재투자 등이 이뤄질 경우 이랜드리테일 기존 고객의 편의성 역시 향상되는 부수적 효과를 누릴 수 있다.

그간 비용만 나가던 애물단지로 여겨지던 주차장은 최근 수익을 창출하는 새로운 투자처로 각광받고 있다. 휴맥스는 스틱인베스트먼트와 컨소시엄을 이뤄 지난해 8월 주차장 관리 기업 하이파킹을 인수한 바 있다. 공유차·렌터카 기업 등과의 협업을 위한 모빌리티 사업 플랫폼으로 주차장만 한 곳이 없다는 전망이 대세를 이루고 있기 때문이다. 따라서 부동산을 대량으로 보유하고 있는 유통기업들이 이랜드리테일 선례를 따라 주차장 운영권과 관련해 자금 조달을 꾀할 가능성이 높다.

한우람 기자

기사 요약

이랜드 리테일은 NC백화점과 뉴코아아울렛 21개점 주차장 10년 이용권을 맥쿼리에 1,200억 원에 팔아 자산유동화에 성공했습니다. 이랜드는 맥쿼리에 1,200억 원의 4%에 해당하는 금액을 주차장 사용료로 지불합니다. 맥쿼리는 주중에 비는 도심 곳곳의 이런 주차장들은 재판매해 연 7~8% 수익을 추구할 수 있습니다. 공유차나 렌터카 기업들이 필요로 하는 모빌리티 사업 플랫폼으로 주차 공간이 날로 늘어나고 있기 때문에 삼자 모두 윈윈하는 전략입니다.

용어 Tip

자산 유동화 : 여러 형태의 자산을 담보로 채권을 발행해 자금을 조달하고 유동성을 확보하는 것을 뜻하는데, 넓은 의미로는 '비유동성 자산'을 현금화하는 모든 행위를 뜻함.

2020년 9월 1일   매일경제

프랑스 빗장 풀자마자…신규확진 하루새 7천 명
스페인 등 유럽 '2차 공포'
전 세계 확진자 2,500만 명

한국뿐만 아니라 전 세계 곳곳이 코로나19 재확산으로 심각한 위기 상황을 겪으며 세계 코로나19 누적 확진자 수가 2,500만 명을 돌파했다. 프랑스에서는 하루 7,000명이 넘는 신규 확진자가 발생해 비상이 걸렸다.

국제 통계 사이트 월드오미터에 따르면 30일 오후 3시(한국 시간) 기준 전 세계 코로나19 총 확진자 수는 2,517만 14명이고, 총 사망자 수는 84만 6,785명에 달했다. 코로나19 확진자 수는 시간이 갈수록 빠르게 증가하고 있다. 작년 12월 31일 세계

보건기구(WHO)에 처음 코로나19 확진 사례가 보고된 이후 180여 일 만인 6월 27일 확진자가 1,000만 명을 넘었다. 하지만 2,000만 명대 돌파에는 불과 40여 일이 걸렸고, 이후 20일 만에 500만 명이 더 늘어났다.

프랑스에서는 28일 무려 7,379① 명의 코로나19 신규 확진자가 발생했다. 이는 코로나19 상황이 최악으로 치달았던 3월 31일 7,578명 이후 가장 많은 수치다. 프랑스 코로나19 상황은 최근 열흘 동안 급격하게 악화했다. 신규 확진자 수가 지난달 말

1,000명 수준으로 늘어난 뒤 꾸준히 증가해 27일 6,111명이던 감염자 수는 28일 7,000명을 돌파했다.

현재 프랑스 전국 101개 행정단위 중 파리, 마르세유를 포함한 21개 지역이 코로나19 바이러스 확산세가 심각한 '적색' 위험 지역으로 분류됐다. 수도 파리와 제2도시 마르세유는 코로나19 확산을 차단하기 위해 모든 지역에서 마스크 착용을 이미 의무화했다. 밤 11시 이후 음식점, 카페, 주점의 영업도 금지했다. 대통령의 여름별장에서 최근 엘리제궁으로 복귀한 에마뉘엘 마크롱 대통령은 이날 기자회견을 하면서 "전국 봉쇄를 다시 하는

것을 피하기 위해 모든 조치를 다 하고 있지만, 이론적으로 그 어느 방안도 배제할 수는 없다"고 말했다.

스페인에서도 코로나19 확진자②가 급증하고 있다. 월드오미터에 따르면 28일 스페인 확진자 수는 3,829명 증가해 사흘 연속 3,000명대를 넘어섰다. 코로나19 확진자가 25만 명에 육박한③ 독일의 수도 베를린 도심에서는 극우 시위대 수만 명이 거리로 나와 마스크 착용 의무화와 사회적 거리 두기에 반대하며 시위를 벌였다.

김제관 기자

프랑스는 최근 열흘 동안 급격하게 확산되어 일 확진자가 7천 명이 넘으며 최악이었던 2020년 3월 상황에 근접하고 있다 합니다. 스페인, 독일도 마찬가지입니다. 마크롱 대통령은 전국 재봉쇄를 피하기 위해 모든 조치를 다하고 있지만 어떤 방안도 배제할 수는 없다고 했습니다. 지금 봉쇄를 완화한 국가 중심으로 2차 팬데믹은 기정사실입니다. 우리는 완성차는 물론이고 전기차 배터리도 유럽에 팔아야 하는데….

용어 Tip

세계보건기구(World Health Organization, WHO) : 보건·위생 분야의 국제적인 협력을 위해 설립한 UN(United Nations: 국제연합) 전문기구를 말함.

2020년 9월 11일　　　　　　　　　　　　　　　매일경제

'목표가 3만 원대' 카카오게임즈, 첫날 '따상' 6만 2,400원

공모가 2.4만 원 대비 160% 상승
시총 4.5조로 코스닥 5위 입성
PER 48…엔씨소프트 두배 달해

카카오게임즈가 10일 상장과 동시에 가격제한폭까지 급등하면서 단숨에 코스닥 시가총액 5위 자리까지 차지했다. 이날 카카오게임즈 주가는 6만 원대를 넘어섰지만 증권가에서는 적정 주가를 3만~4만 원대로 제시하면서 보수적인 전망을 내비쳤다.

이날 한국거래소에 따르면 카카오게임즈 주가는 개장과 함께 가격제한폭인 30%까지 치솟으면서 6만 2,400원에 마감했다. 공모가(2만 4,000원) 대비 160% 상승한 수치다. 카카오게임즈 시초가는 공모가의 두 배인 4만 8,000원으로 결정됐다.

이날 카카오게임즈가 이른바 '따상(시초가가 공모가의 2배로 결정된 후 상장 첫날 상한가)'을 기록할 것이라는 시장 기대는 적중했다. 이에 따라 카카오게임즈 시총은 4조 5,680억 원으로 불어나면서 코스닥 시총 순위 5위로 뛰어올랐다. 코스닥시장에서 카카오게임즈보다 시총이 높은 기업은 셀트리온헬스케어, 씨젠, 알테오젠, 에이치엘비 정도에 불과하다.

관심사는 향후 주가가 어느 방향을 향할 것이냐다. 지난 7월 2일 유가증권시장에 상장한 SK바이오팜은 따상에 3거래일 연속 상한가를 기록하면서 화제가 됐다. 카카오게임즈가 연속 상한가를 이어가면 2거래일 주가는 8만 1,100원, 3거래일에 10만 5,400원까지 오를 수 있다. 1억 원을 투자해 5주를 받은 투자자라면 3거래일 만에 40만 원가량 수익을 낼 수 있는 것이다.

다만 증권가에서는 카카오게임즈 적정 주가를 3만~4만 원대 수준으로 제시해 대조적인모습을 보였다. 앞서 메리츠증권과 대신증권은 목표주가를 각각 3만 2,000원, 3만 3,000원으로 제시했다. 이날 미래에셋대우는 4만 2,000원을 적정 주가로 봤다.

게임기업 기업공개(IPO) 초기 단계에서는 신작 기대감 등에 힘입어 주가가 적정가치보다 크게 오를 수 있다는 점을 고려한 것으로 보인다. 이날 미래에셋대우에 따르면 10일 종가 기준으로 카카오게임즈 주가수익비율(PER)은 약 48.6배에 이른다. 엔씨소프트(23.2배), 펄어비스(16.2배), 컴투스(13.3배)에 비해 상당히 높은 수준이다. PER은 주가가 주당순이익(EPS)의 몇 배 수준인지 보여주는 수치다. 올해 예상 영업이익과 시총을 비교해 봐도 카카오게임즈 주가 수준이 가늠된다. 카카오게임즈의 올 예상 영업이익은 860억 원으로 엔씨소프트 9,510억 원의 9%에 불과하다. 하지만 10일 카카오게임즈 시총은 엔씨소프트의 4분의 1 수준이다. 또 올 예상 영업이익이 1,830억 원으로 카카오게임즈보다 2배 이상 많은 규모로 예상되는 펄어비스는 이날 시총이 2조 6,958억 원으로 카카오게임즈보다 크게 낮다. 증권가는 당분간 보수적 목표 주가를 유지하겠다는 입장이다. 김창권 미래에셋대우 연구원은

"SK바이오팜 IPO 효과에서 볼 수 있듯이 정보 비대칭 등으로 상장 초반 주가가 급등하는 경향이 있다"면서 "IPO를 준비하는 과정에서 신작 게임 라인업 기대감이 겹치며 주가가 단기간 급등한 것으로 보인다"고 말했다.

다만 미래성장성에서 높은 평가를 받는 게임주 특성상 상장 초기 약간의 버블이 형성되는 경우가 흔하다는 분석도 나온다.

김정범 기자

기사 요약

카카오게임즈는 상장 첫날 공모가 2만 4,000원이 시초가 4만 8,000원을 뚫고 상한가 6만 2,400원까지 직행하면서 소위 '따상'했습니다. 카카오게임즈의 PER이 48.6배인데, 이는 엔씨소프트 23.2배, 펄어비스 16.2배보다 상당히 높기에 증권사들은 목표주가를 3.2만~4.2만 원대로 낮춰 잡았습니다. 상장 전까지만 해도 기업의 장밋빛 청사진을 그려내던 증권사 리포트와 기사들이 많았는데, 상장 후에는 주의를 요한다는 기사들이 등장하기 시작했습니다.

주가수익비율(Price Earning Ratio, PER) : 주가를 주당순이익
(EPS)으로 나눈 값. PER이 높으면 기업이 영업활동으로 벌어
들인 이익에 비해 주가가 높게 평가된 것을 의미하므로 대체
적으로 주가 하락 가능성이 크고, 반대로 PER이 낮으면 이익
에 비해 주가가 낮게 평가되었음을 의미하므로 대체적으로 주
가 상승 가능성이 큼.

2020년 9월 11일   매일경제

롤모델 아마존 따라…쿠팡, 물류대행업 시동

> 오픈마켓 사업자 로켓제휴 개시
> 만년적자 해소할 절호의 기회로

직매입 방식을 통해 소매시장을 장악한 쿠팡은 이제 오픈마켓 사업(마켓플레이스)과 물류서비스 대행업인 풀필먼트 사업(로켓제휴)까지 보폭을 넓히고 있다. 세계 1위 유통 업체인 아마존의 성장 전략을 그대로 모방한 것으로, 전문가들은 이를 통해 쿠팡이 이르면 올해부터 국내 유통시장에서 단순한 선두를 넘어 아마존과 유사한 시장 독점적 사업자로 부상할 가능성이 높다고 보고 있다. 서용구 숙명여대 경영학부 교수는 "지금까지 국내 이커머스 시장에서는 업체 10여 곳이 각자 10%대 점유율을 나눠 갖는 '도토리 키재기'식 판도가 이어졌다"며 "반면 올해는 코로나와 각종 성장 전략을 발판 삼아 쿠팡이 아마존처럼 압도적 선두 기업으로 올라설 가능성이 높다"고 분석했다. 이는 쿠팡이 목표로 삼고 있는 아마존의 행보와 정확히 일치한다. 디지털 시장조사 기관 이마케터에 따르면 올해 5월 기준 미국 소매 전자상거래 시장에서 아마존 점유율은 38%로 2위인 월마트(5.8%)와 3위인 이베이(4.5%)를 압도했다. 유료

회원에게 이틀 안에 배송해주는 '아마존 프라임' 전략으로 승승 장구한 덕택이다. 쿠팡의 성장을 이끈 일등 공신으로 꼽히는 '로켓배송'과 멤버십 서비스 '로켓와우'는 아마존 프라임을 본뜬 것이다.

특히 최근 쿠팡이 오픈마켓 사업자를 위해 로켓제휴 서비스를 새로 내놓은 것은 쿠팡이 아마존처럼 본격적인 풀필먼트 서비스에 뛰어드는 신호탄으로 인식된다. 현재 아마존은 자사 플랫폼에서 상품을 파는 제3셀러의 물류를 대행해주는 FBA(Fulfillment By Amazon) 서비스를 운영하고 있다. 셀러가 아마존 물류센터에 상품을 보내

놓으면 기존 아마존 직매입 제품과 동일한 물류 인프라스트럭처를 활용할 수 있다. 아마존으로서는 셀러에게서 받는 기존 입점 수수료에 더해 FBA 수수료까지 추가로 얻을 수 있을 뿐아니라 시장 확대를 위해 필수적인 제3셀러 확보에도 도움이 된다. 특히 풀필먼트 사업 확대는 쿠팡의 '만년 적자'를 해소해 상장에 유리한 환경을 조성하는 핵심 키가 될 것이란 분석도 나온다. 유승우 SK증권 연구원은 "풀필먼트 서비스까지 쿠팡에 붙는다면 매출 성장과 동시에 흑자 전환을 충분히 노려봄직하다"고 분석했다.

김태성 기자

기사 요약

쿠팡은 진짜 유통공룡 아마존을 부지런히 따라가는 전략을 썼습니다. 직매입을 통해 소매시장을 장악하고, 오픈마켓(마켓플레이스)와 물류대행 풀필먼트(로켓제휴)를 통해 단순 선두가 아

닌 아마존 같은 독점적 사업자로 향하고 있습니다. 유료회원 이틀 배송이라는 아마존 프라임은 로켓배송와 로켓와우로 벤치마킹했고, 자사 플랫폼에서 제3셀러 물류를 대행해주는 아마존 FBA를 본따 로켓제휴를 만들었습니다. 풀필먼트 서비스 로켓제휴로 쿠팡은 만년적자에서 벗어날 수 있을 거라는 전망입니다. 다른 이커머스가 격차를 따라 잡지 못하는 건 이만큼 혁신을 하는 온라인 쇼핑몰이 없다는 의미입니다. 쿠팡은 '아마존'만 따라가고 '물류'만 파고들고 있습니다.

용어 Tip

풀필먼트 서비스(Fulfillment Service) : 물류 전문업체가 물건을 판매하려는 업체들의 상품을 위탁받아 배송과 보관, 포장, 배송, 재고관리, 교환·환불 서비스 등의 모든 과정을 담당하는 '물류 일괄 대행 서비스'를 말함.

2020년 8월 21일　　　　　　　　　　　매일경제

유럽 전기차시장 中 앞질러…K배터리 '미소'

유럽서 상반기 41만대 판매
4년만에 세계최대 시장으로

LG화학 배터리 유럽 70% 점유
하이니켈 전지 현지생산 확대
한국 3사, 세계1위 굳힐 기회

LG화학, 삼성SDI, SK이노베이션 등의 'K배터리' 주 무대인 유럽 전기자동차 시장 규모가 올해 상반기 중국 시장을 추월했다. 높은 유럽 시장 점유율을 토대로 상반기 글로벌 전기차 배터리 시장에서 3분의 1을 독식한 K배터리가 글로벌 1위 자리 '굳히기'에 들어갈 기회라는 분석이 나온다.

20일 전기차 시장 분석 업체 '이브이볼륨(EV Volumes)'에 따르면 올 상반기 유럽에서 전기차 41만대가 판매돼 중국(38만대)을 제치고 세계 1위 시장으로 급부상했다. 유럽 전기차 시장이 중국을 제친 것은 2016년 이후 4년 만이다. 성장률에서도 유럽 시장이 중국 시장을 넘어섰다. 올 상반기 전기차 판매량은 유럽 시장이 전년 동기 대비 57%

개선된 반면 중국은 42%나 감소했다.

유럽이 중국을 넘어 세계 1위 전기차 시장에 오른 배경에는 유럽연합(EU)의 과감한 친환경 정책이 있다. EU는 지난 5월 말에도 7500억유로 규모 경기 부양안을 발표하면서 친환경 정책을 더 가속화하는 데 모든 자원을 투입하겠다고 밝혔다. 이 계획의 궁극적인 목적은 '그린·디지털 미래' 구축이다. 친환경차 구매에 대한 지원과 투자 펀딩 확대, 충전 인프라스트럭처 2배 확충 등이 담겨 있다.

EU 친환경 정책에 따라 프랑스, 독일 등 유럽 주요 국가들도 전기차 보조금을 공격적으로 상향하고 인프라 확대안을 내놓았다. ①독일은 전기차 보조금을 6월부터 기존 대비 50% 확대했고, ②프랑스도 6월부터 올해 말까지 기존 6,000유로에서 7,000유로로 상향했다. 이 같은 정책에 힘입어 6월 전기차 판매량은 독일 1만 8,598대, 프랑스 2만 990대, 영국 1만 3,829대로 전년 동기 대비 각각 116%, 259%, 192% 급증했다.

글로벌 전기차 배터리 시장에 지형 변화가 예상됨에 따라 K배터리 3사와 중국 기업 간 경쟁도 새로운 국면에 진입할 것으로 보인다. 특히 상반기 글로벌 점유율 24.6%와 23.5%로 양강 구도를 형성 중인 LG화학과 중국 업체 CATL 상황이 역전됐다. 중국 내수 시장에 크게 의존하는 CATL과 달리 LG화학은 유럽 시장 점유율이 70%에 달한다. 지난해 말부터 유럽 전기차 시장이 성장하면서 LG화학은 CATL을 제치고 세계 1위 배터리 기업으로 떠올랐다.

K배터리 3사는 시장 변화에 힘입어 유럽 시장에서 생산 능력을 추가 확충할 계획이다. LG화학은 한국·미국·중국·폴란드 등 배터리 4각 체제 생산 능력을 올해 100GWh로 늘릴 계획이다.

그중 60GWh 이상이 유럽 지역에 공급될 전망이다. 이는 전기차 100만대에 배터리를 탑재할 수 있는 규모다.

SK이노베이션과 삼성SDI도 유럽 시장 내 생산량 확보에 나선다. SK이노베이션은 지난해 말 헝가리 공장을 완공하고 7.5GWh 생산력을 확보해 독일 다임러그룹과 현대자동차에 배터리를 공급하고 있다. 내년까지 헝가리 2공장(9GWh)을 완공해 유럽 시장 공급량을 늘린다는 계획이다. 삼성SDI 역시 2017년에 세운 헝가리 1공장을 증축하고 있으며 2공장도 신축하고 있다.

특히 3사는 니켈 함량이 높은 하이니켈 배터리를 통해 시장 지배력을 확보할 방침이다.

업계 관계자는 "유럽 시장을 공략하기 위해선 고성능 하이니켈 배터리 기술이 필요하다"면서 "현재 한국 배터리 3사가 중국보다 2~3년가량 앞서 있는 기술력을 지속적으로 유지해야 한다"고 말했다.

최근도 기자

기사 요약

상반기 유럽 전기차 판매가 41만대를 기록해, 중국 38만대를 제치며 유럽이 세계1위 전기차 시장으로 급부상했습니다. 유럽 전기차가 선전한 이유는 유럽연합(EU)이 과감하게 친환경 정책으로 전기차 지원금과 인프라 구축에 투자를 늘렸기 때문입니다. 유럽 점유율이 70%에 달하는 LG화학은 유럽 시장 확대 덕분에 중국 내수 집중인 CATL을 역전하며 세계 배터리

1위가 될 수 있었습니다. 우리 배터리 기술이 중국보다 2~3년 앞서 있지만, CATL은 중국 정부의 전폭적인 지원을 받고 있기 때문에 우리기업도 기술 개발에 긴장을 늦춰서는 안 되겠습니다.

용어 Tip

인프라스트럭처(infrastructure) : 경제활동의 기반을 형성하는 시설·제도 등의 의미로 동력·에너지 관계시설, 도로·수로·공항·항만·전신·전화 등의 교통·통신시설, 상하수도·관개·배수시설 등을 포함함. 이 기사에서 말하는 충전 인프라스트럭처는 전기차와 수소차가 연료를 충전할 수 있는 기반 시설을 말함.

012 조각을 엮어 맥락을 이어라

창문에 걸려있는 조각보 커튼을 본 적 있으세요? 옷을 짓고 남은 예쁜 색감의 모시 조각들을 모아서 가로세로로 엮으면 쓸모 있는 작품이 완성됩니다. 경제기사를 읽고 맥락을 잡는 것도 어렵지 않아요. 이렇게 흩어진 조각의 기사들을 가로세로로 엮는 작업을 하는 겁니다.

그 날 신문에 나온 주제가 비슷한 경제기사 조각 2~3개씩을 묶어서 보고, 매일 경제기사를 보면서 시간의 흐름에 따라 사건의 전개를 이어서 보면 됩니다. 이렇게 입체적으로 기사를 보는 방식이 마치 가로 세로 조각보를 엮어 나가는 것과 비슷하지 않나요? 그게 바로 조각을 맥락으로 엮는 경제기사 읽기입니다.

첫째, 같은 날 기사 맥락 잇기

자산 시장의 현황

'숏머니' 2380조…자산시장 흔든다

〈매일경제 2020. 8. 11〉

한국 금융의 판이 바뀌고 있다. 금융산업뿐만 아니라 개인의 금융생활 변화 속도가 갈수록 빨라지고 있다. 제로금리로 대표되는 초저금리 시대가 변화의 기반을 제공했고 코로나19 사태로 변화의 속도가 한층 빨라지고 있다. 먼저 눈에 띄는 것은 우리 경제가 초단기자금을 의미하는 '숏텀머니(short-term money)'에 심하게 휘둘리고 있다는 것이다. 코로나19가 촉발한 초저금리, 유동성 과잉 현상이 금융시장을 초단기자금이 득세하는 '숏머니' 장세로 바꾸고 있다. '한군데 머무르는 돈'으로는 더 이상 수익을 창출할 수 없는 제로금리 시대가 예상보다 빠르게 도래하면서 더 많은 수익을 낼 수 있으면서도 언제든지 환매가 가능한 단기 대기성 자금이 폭증하고 있다.

분석 ▶ 제로 금리 시대에 은행 예금으로는 자산 증식이 불가능해졌습니다. 어딘가에 투자는 해야 하는데 마땅한 곳을 찾지 못하고 있는 단기 대기성 자금이 폭증한다고 합니다.

자금 이탈을 막기 위한 은행의 노력

"자금이탈 막자" 은행·저축銀·카드·빅테크 합종연횡

〈매일경제 2020. 8. 11〉

초저금리 기조로 시중은행에서 판매하는 예·적금만으로는 높은 이자를 기대할 수 없게 되자 은행들은 2금융권인 카드사와 저축은행, 그리고 핀테크사 등과 손잡고 다양한 상품을 내놓고 있다. 저금리에 떠나는 고객을 유치하기 위한 고육책이다.

분석 시중은행 입장에서는 한국은행 기준금리와 연동되는 실질금리를 멋대로 높일 수는 없습니다. 예금금리에 대한 실망으로 떠나는 고객을 잡기 위해 다양한 전략을 구상하고 있네요.

자금 이탈을 막기 위한 운용사의 노력

인기 식은 주식형펀드·ELS…한 달새 1조 6천억 빠져나가

〈매일경제 2020. 8. 11〉

증시 질주에 투자자들에게 분산투자나 중위험 상품은 소외되고 있다. 높아지는 투자자들 눈높이와 위험 성향을 못 맞춰서다. 11일 펀드평가사 에프앤가이드에 따르면 최근 한 달 새 액티브 국내 주식형 펀드에서 7800억 원이 빠져나갔다. 펀드는 여러 종목에 분산투자해 직접투자에 비해 변동성과 리스크가 작다는 장점이 있지만, 투자자들은 이번 강세장에서 리스크를 떠안고 개별 종목 직접 베팅에 나선 것이다.

분석▶ 은행권의 저수익 예금에서도 나가고, 자산운용사의 중수익 펀드·ELS에서도 나간 자금들이 몰려간 곳은 증권사의 주식거래였습니다. 직접 투자로 나선 개인들의 모습을 기사에서 엿볼 수 있었네요. 아무래도 주식 강세장에서는 사두기만 해도 오른다는 믿음이 있기 때문에 전문가의 손길을 필요로 하지 않는 개인투자자가 많아집니다. 굳이 보수와 수수료를 들여 펀드를 들지 않고 직접 주식을 사고 팔아 수익을 내겠다는 의지입니다. 그러나 하락장에서는 펀드매니저의 분석과 매뉴얼이 손실을 막는 데 크게 기여합니다. 주식의 세계는 변화무쌍하기 때문에 한쪽만 고집하는 것은 바람직한 방법은 아니랍니다.

이렇게 같은 날 하나의 이슈로 여럿 기사들이 함께 등장할 때가 있습니다. 한꺼번에 읽고 여러 입장에서 입체적으로 생각하면서 맥락을 잇는 연습을 해보세요. 조금 더 발끝을 세우고 높은 시야에서 내려다보면 여러 기사를 한꺼번에 보는 게 한결 쉬울 겁니다.

둘째, 시간의 흐름에 따른 맥락 잇기

LG전자 사업 전략

구광모의 LG 승부수는 'OLED TV·전장·5G'

〈매일경제 2019. 5. 17〉

지난해 6월 취임한 구 회장이 사업보고회를 주재하는 것은 작년 하반기에 이어 이번이 두 번째로 각 계열사 경영진이 상당한 긴장감을 가지고 준비해 온 것으로 알려졌다. 이번 LG전자 사업보고회에서는 OLED TV, 전장, 5G 스마트폰을 비롯한 5G 비즈니스 등이 중점 논의될 것으로 보인다.

분석 구광모 회장은 취임 1주년을 맞은 사업보고회 자리에서 LG전자는 OLED TV, 전장, 5G, 스마트폰을 비롯한 5G비즈니스로 집중하겠다고 밝혔습니다.

LG전장 산업 투자

[단독] LG전자, 전장사업 재편해 수익성 높인다

〈매일경제 2020. 1. 18〉

LG전자가 적자에서 벗어나지 못하고 있는 전장사업을 조기에 끌어올리기 위해 사업 재편이라는 회심의 카드를 꺼내 들었다. LG전자의 전장을 담당하는 VS사업본부는 인포테인먼트, 차량 소프트웨어와 자율주행 기술 개발, 모터 등에 집중하고 차량용 램프사업은 2018년 인수한 오스트리아 차량 램프업체 ZKW가 전담하도록 한 것이다. 잘할 수 있는 부문에 집중해 경쟁력과 효율성을 끌어올려 수익성을 개선하겠다는 전략으로 풀이된다.

분석▶ LG전자는 전장 산업의 미래를 확신하고 경쟁력과 효율성을 끌어올리겠다는 전략이죠.

현대차와 LG 회동

정의선·구광모 첫 단독 회동…"전기차 배터리 협력 논의"
〈매일경제 2020. 6. 22〉

정의선 현대차 수석부회장이 구광모 LG 회장과 첫 단독 회동을 갖고 전기차 협력 강화방안을 논의했다. 22일 업계에 따르면 정 부회장과 구 회장은 이날 오전 LG화학 오창공장을 방문해 생산시설을 둘러봤다. 이날 방문에는 알버트 비어만 현대·기아차 연구개발본부 사장, 박정국 현대모비스 박정국 사장 등이 동행했다.

LG 측에서는 구 회장과 권영수 LG 부회장, 신학철 LG화학 부회장 등이 현대차그룹 경영진들의 공장 방문을 맞았다. 현대차그룹 경영진 LG화학이 개발에 집중하고 있는 장수명(Long-Life) 배터리와 리튬-황 배터리, 전고체 배터리 등 미래 배터리의 기술과 개발 방향성을 공유했다.

분석 LG그룹과 현대차그룹의 수장들이 만나 전기차 관련 협력 관계를 다집니다. LG그룹은 LG화학의 배터리와 LG전자의 전장사업을 가지고 있고, 현대차는 자율주행 전기차를 준비 중이죠. 연료는 LG화학에서, 자율주행차 내부는 LG전자의 가전으로 미래를 함께 그리는 두 사람입니다.

LG그룹 사업 가속화

16조 실탄장착 구광모…미래사업 본격 겨냥
〈매일경제 2020. 6. 28〉

취임 2년을 맞은 구광모 LG그룹 회장이 '선택과 집중' 전략에 따른 미래투자에 속도를 낼 태세다. 비핵심 사업 매각 등을 통해 마련한 16조 원을 갖고 미래성장 동력을 키우기 위한 투자와 인수·합병(M&A) 등에 나설 것이란 전망이다. 구 회장은 2018년 6월 29일 그룹 수장으로 취임한 이후 '미래 준비'와 인재, 연구개발(R&D)을 적극 챙기면서 빠르게 변화하는 사업환경 속에서 '뉴 LG'를 만들기 위한 행보를 이어왔는데 앞으로 기존 주력사업 외에도 인공지능(AI), 로봇, 빅데이터 등 성장산업에 적극 투자할 것이라는 평가가 나온다.

LG화학 배터리 사업 흑자 전환

LG화학 '20년 결실'…전기차 배터리 '흑자 충전'

〈매일경제 2020. 7. 31〉

LG화학이 코로나19로 인한 글로벌 경기 침체 속에서도 올 2분기 6,000억 원에 가까운 영업이익을 거두며 '어닝 서프라이즈'를 연출했다. 전기차 배터리가 흑자 전환하며 깜짝 실적을 이끌었다. 리튬이온전지 개발에 나선 지 25년, 전기차 배터리 개발에 착수한 지 20년 만에 거둔 쾌거다.

분석 적자를 감수하고도 뚝심있게 밀어붙였던 배터리 분야에서 드디어 깜짝 흑자가 났습니다. 같은 날 다른 기사에서는 故구본무 회장이 1992년부터 시작했던 2차 전지 사업의 스토리가 실리기도 했습니다.

미래車부품 기대감…LG전자, 2년 만에 9만 원

〈매일경제 2020. 08. 21〉

21일 LG전자 주가가 전장 사업 흑자 전환에 대한 기대로 9만 원 고지를 탈환했다. LG전자가 종가 기준으로 9만 원을 넘긴 것은 2018년 6월 이후 2년 2개월 만이다.

전장부품은 자동차에 들어가는 전기 장치·시스템 관련 부품을 일컫는다. 전기차는 내연기관 자동차보다 공간이 넓어 다양한 전장부품이 필요할 것으로 예측된다. 또한 자율주행차가 보급되면 초정밀 전자장치에 의해 자동차가 구동되기 때문에 전장부품 수요가 폭증할 것으로 기대된다. LG전자가 LG화학과 함께 미래차 사업을 선도하기 위해 전장부품 사업에 집중하는 이유다.

분석 ▶ LG그룹의 미래차 사업 두 축인 배터리는 흑자에 올라섰고, 전장 사업도 흑자 전환 기대감이 솔솔 오르며 주가에 먼저 반영되었습니다.

자율주행 시대 각광받는 첨단 전장산업,

삼성·LG가 미래 먹거리로 공들이는 車 부품

〈매일경제 2020. 8. 28〉

특히 삼성은 차세대 스마트카 시대에 대비해 차량용 반도체, 이미지 센서, 디스플레이, 오디오 등 전장부품사업을 강화하고 있다. 이 부회장은 사실상 경영을 총괄한 직후인 2015년 전장사업팀을 조직하고 이듬해 글로벌 전장업체 하만을 80억달러(약 9조 216억 원)에 인수하는 빅딜을 주도하는 등 시장 선점을 위해 기민한 움직임을 보여왔다. (중략)

LG도 전장사업을 미래 핵심 먹거리로 키우고 있다. LG그룹의 핵심 성장동력은 전기차 배터리(화학)와 전장(전자)사업으로 평가된다. LG전자는 지난해 전장사업을 맡고 있는 VS(전장부품솔루션)사업본부에 가전사업의 투자 규모와 맞먹는 수준인 8,985억 원을 투입하는 등 전장사업을 미래 먹거리로 키우기 위해 총력을 기울이고 있다. 권봉석 LG전자 최고경영자(CEO·사장)는 "전장사업에서 2021년 흑자를 달성하겠다"고 밝히기도 했다.

분석 ▶ 우리나라를 대표하는 두 대기업인 삼성과 LG가 미래 먹거리로 자동차 전장 산업을 준비하고 있다며 종합 정리한 기사입니다.

[단독] 구광모의 車전장 잰걸음…日혼다 새 고객으로

〈매일경제 2020. 9. 9〉

LG전자 전장 사업 부문이 주요 자동차 업체인 혼다와 차량용 무선 인터넷 기술인 텔레매틱스 부품 공급 계약에 성공해 새 고객을 확보하면서 수익성 개선을 통한 도약을 노린다. 이 회사의 전장 사업을 맡고 있는 자동차솔루션(VS)사업본부는 2016년 이후 18분기 연속 적자를 기록해왔는데, 내년 흑자 전환을 목표로 하고 있고 캐딜락을 비롯해 작년 이후 잇단 수주성과들이 수익성 개선 작업에 도움이 될 것이라는 기대가 나온다. 특히 전장 사업은 구광모 LG그룹 회장이 미래성장 사업으로 적극 밀고 있는 분야인 만큼 적극적인 투자·지원을 통해 사업에 더욱 속도가 붙을 것이라는 분석도 있다.

분석 까다롭기로 유명한 일본 혼다 차량에 LG전자가 텔레매틱스 부품 공급 계약을 체결했다는 소식입니다. 캐딜락, 벤츠사, 현대에 이어 새로운 고객사를 뚫은 것만으로도 LG전자의 전장사업부는 쾌재를 부를 수밖에 없겠습니다.

지금까지 시간의 흐름에 따라 경제기사를 읽어봤습니다. 앞으로의 이야기도 궁금하지 않으세요? 마치 드라마 다음 편을 본방사수하기 위해 기다리는 시청자의 마음이 들지는 않으신가요?

세상을 보는 호기심으로 경제기사의 맥락을 파악하며 읽어봅시다. 그러면 그간 눈에 들어오지 않던 경제기사가 쉽게 읽힐 거예요.

Q. 경제기사 중간에 나오는 그래프나 표도 꼭 봐야 하나요?

A. 네, 반드시 봐야 합니다. 그래프와 표는 기사 내용 전체 또는 부분을 담고 있습니다. 시간의 흐름에 따른 추이, 2개 이상 값들의 비교, 전체에서 차지하는 각 항목별 비중 등을 한눈에 볼 수 있어 이해하기 좋거든요. 종이 신문을 본다면 형광펜으로 기준선이나 추세선 등을 그으면서 손으로 한 번 더 익혀보는 것도 추천합니다.

주식시장의 대표 지수들

주식은 현재의 숫자가 중요한 게 아닙니다. 어제보다 오늘이 더 좋은지 나쁜지, 내일은 더 좋을 것인지 나빠질 것인지를 예측하는 게 주식시장에서는 중요하죠. 그러기 위해서는 주식시장의 종합시황을 파악하기 위한 대표 지수가 필요합니다. 이는 주가지수가 주가동향, 예측, 투자성과의 측정 등 다양하게 이용되기 때문입니다.

　단, 무작정 주가지수만 본다고 해서 이해할 수 있는 것은 더더욱 아닙니다. 주가지수의 흐름을 보고 어떤 방향으로 갈지, 꺾어서 갈지, 반대로 갈지 예측해볼 수 있는 안목도 필요하답니다.

　한국과 미국의 대표적인 지수를 알아보도록 하겠습니다. 주식시장은 지수로 말하는 것! 지수를 꼭 챙겨보세요.

대표적인 국내 지수

① 코스피

코스피(Korea Composite Stock Price Index)는 유가증권시장에 상장된 기업의 주식 가격에서 산출된 지수를 말합니다. 1980년 1월 4일을 기준시점으로 그 날의 시가총액을 100, 비교시점을 100으로 해 비교시점의 시가총액을 지수화합니다. 오늘 코스피가 2400이라면 시가총액이 기준시점보다 24배 커졌다는 것을 뜻한답니다. [KOSPI = (비교시점의 시가총액/기준시점의 시가총액) × 100]

② 코스닥

코스닥(Korea Securities Dealers Automated Quotation, KOSDAQ)은 IT(Information technology), BT(Bio technology), CT(Culture technology) 기업과 벤처기업의 자금조달을 목적으로 1996년 7월 개설된 시장입니다. 기술력과 성장 잠재력을 가진 바이오, 기술주, 엔터테인먼트, 소프트웨어, 게임 등 시대를 선도하는 젊은 기업들이 주를 이룹니다. 최초의 코스닥지수인 1996년 7월 1일의 지수는 100포인트였으나, 정부는 2004년 1월 26일부터 100포인트를 1,000포인트로 상향 조정해 발표했고 이전 자료에도 모두 소급·적용했습니다.

대표적인 미국 지수

① 다우존스

1896년부터 최근까지 이어져 오는 가장 역사가 깊은 지수입니다. 〈월스트리트저널〉 공동창업자인 '다우'씨와 '존스'씨가 같이 개발했기 때문에 이런 이름이 붙은 거죠. 처음에 12개로 시작해서 지금까지 30개 종목으로 구성되어 있습니다. 그래서 다우존스30이라고도 부른답니다. 한마디로 그라운드 내에서 뛰는 베스트 플레이어 30명만 뽑은 격이니 여기서 퇴출되면 초상집이고, 신규 진입하면 잔칫집입니다. 애플이 2015년도에 겨우 편입되었다 하네요. 다우존스 대표 ETF는 SPDR Dow Jones Industrial Average ETF Trust(DIA)입니다.

② S&P500

미국의 주요 500대 기업에 투자하는 지수입니다. 25년 투자 기준으로 봤을 때 최대 연평균 수익률은 17.25%였고, 최소 연평균 수익률은 9.07%였죠. 미국에 투자하고 싶은데 각 기업을 모두 분석하기 어려울 때 가장 평이하게 접근해볼 수 있는 지수로 매력적입니다.

IT(18%), 금융(15%) , 헬스케어(14%), 기타로 구성되어 있고 우리가 잘 아는 기업들도 다수 있습니다. 마이크로소프트, 애

플, 아마존, 페이스북, 버크셔 해서웨이, 알파벳A, 알파벳C, 존
슨앤존슨, JP모건, 비자 등이 상위 10위에 들어 있습니다. 영
원한 건 없다고 하죠? 여기 기업들은 주기적으로 바뀝니다.
S&P500 대표 ETF는 SPDR S&P 500 ETF Trust(SPY), iShares
Core S&P 500 ETF(IVV), Vanguard S&P 500 ETF(VOO)입니다.

③ 나스닥

벤처기업들이 상장되어 있는 미국의 장외 주식시장을 말
합니다. 1971년 미국 증권업 협회(NASD)가 설립했고, 현재 세
계 시총이 2번째로 큰 주식시장입니다. 마이크로소프트, 인텔,
애플 등이 여기에 등록되어 있습니다. 나스닥은 회사 설립 초
기에 적자여도 쉽게 상장할 수 있어 기업에 유리하고, 투자자
들도 위험은 따르지만 큰 수익을 낼 수 있기 때문에 매력적으
로 느낍니다. 이와 비슷한 유형으로 일본은 자스닥(JASDAQ),
우리나라는 코스닥(KOSDAQ)이 있으니 '~닥'은 마치 유행
어와 다를 바 없네요. 나스닥 대표 ETF는 Invesco QQQ
Trust(QQQ), iShares U.S. Technology ETF(IYW), Vanguard
Information Technology ETF(VGT) 가 있습니다.

공부하는 방법은 '조각형'과 '소조형'이 있습니다. 조각형은 큰 돌을 깎아 나가 작품을 만드는 것처럼 전체 공부 범위를 모아둔 다음에 거기서 필요한 것과 하지 않은 것을 구별하며 공부하는 방법입니다. 소조형은 뼈대, 즉 개념만 먼저 공부한 뒤 궁금한 것과 더 알고 싶은 것을 찾아서 붙여 나가는 공부법이죠. 3부에서는 경제기사에 자주 등장하는 내용을 중심으로 주식투자에 꼭 필요한 개념만 정리했습니다. 기사를 읽으며 알아야 할 부분이나 흥미가 가는 것들을 찾아 공부 영역을 넓혀가는 것도 좋은 방법입니다.

주식투자의 기초,
이것만은
꼭 알아두자

013 주식투자도 심플하게 할 수 있습니다

얼마 전 주식투자를 막 시작한 후배를 만났습니다. 적어온 종이를 펼쳐놓고 고해성사하듯 본인의 투자 목록과 금액을 털어놓더군요. "곧 결혼도 해야 하고 전세금도 마련해야 하는데, 어디서부터 손을 대야 할지 모르겠어요."

막막하다는 그녀의 이야기를 귀로 들으면서 눈으로는 그 종이에 적힌 기업명을 훑어보았습니다. 대략 봐도 20개가 훌쩍 넘는 기업명과 그 기업들을 담고 있는 ETF들이 겹쳐있고, 작전주일 수도 있는 바이오주와 우선주도 많이 보였습니다.

"어떤 기준으로 매수한 거지?"라고 물었더니 "여기저기서 추천해주는 것들을 조금씩 사봤어요"라고 말하더군요. 바쁜 와중에 열심히 공부는 했지만, 너무 많은 정보의 양과 다양한 전문가들의 조언을 정리할 수 있는 시간과 안목이 너무나 부족했던 것이죠. 이렇게 겹치고 쪼개져 있으면 관리도 어렵고 수익을 내기도 힘들다는 사실을 몰랐던 것 같습니다.

동학개미에 힘 보태는 거래소?…˝연말까지 주식거래 수수료 면제˝

〈한국경제 2020. 9. 11〉

한국거래소가 오는 14일부터 연말까지 주식거래 수수료를 '0원'으로 적용한다. 올해 개인의 주식투자가 크게 늘면서 수수료 수입이 급증하자 일정 기간 면제를 통해 투자자에게 환원하겠다는 취지다. 거래소는 투자자가 주식을 사고팔 때마다 거래 대금의 0.0027%를 수수료로 떼왔다. 개별 투자자에게는 큰 금액이 아니다. 1억 원어치를 거래해도 수수료가 2,700원에 불과하기 때문이다. 하지만 이 작은 비율의 수수료가 거래소에는 큰 수입으로 돌아온다. 거래소는 지난해 약 2,700억 원의 수수료 수입을 올렸는데 올해는 상반기에만 3,000억 원 가까이 벌어들인 것으로 알려졌다.

분석 한국거래소는 2020년 9월 14일부터 연말까지 주식거래 수수료 0.0027%를 면제해주기로 결정했습니다. 8월 말에는 공매도 금지가 6개월 연장되기도 했습니다. 3월 말에는 손병두 금융위원장이 개인투자자들의 국내 주식 적극 매수에 고마움을 표하기도 했습니다. 그 당시 처음으로 '동학개미운동'이라는 신조어가 탄생했는데, 개인투자자가 외국인 투매의 최대 버팀목이 되어 개인투자자들이 지금을 2020년 3월 한달간 코스피 시장에 11조 1,869억 원을 쏟아부으면서 코스피 낙폭을 11.69%에 그치게 만들었습니다.

최근 코로나19로 인한 유동성 장세로 개인의 주식계좌 개설이 눈에 띄게 증가했습니다. 그러나 군중에 쏠린 투자, 증권사 신용 투자로 인한 반대매매 등으로 오히려 돈을 잃는 수도 있습니다.

그래서 증권 계좌 개설 단계부터 탄탄한 기본기가 필요합니다. 주식투자의 기본기를 심플하게 다음과 같이 3단계로 정리했습니다.

1단계 : 투자할 기업 찾기

사람마다 제각기 주식투자 성향이 다를 수밖에 없습니다. 그러므로 자신에게 잘 맞는 기업을 찾아내는 것이 무엇보다도 중요합니다.

'나의 주식투자 목표 수익률이 얼마인가, 수익은 중장기적으로 어디에 쓸 예정인가, 단기적으로 수익을 내야 하는 상황인가' 등등 자신의 마음속에 질문을 먼저 해보세요. 높은 시세차익을 바라는 사람, 꾸준히 들어오는 배당금이 좋은 사람, 짧고 굵게 수익을 보고 자금 회전을 바라는 사람 등 각자의 성향에 맞는 주식투자법을 먼저 골라보겠습니다.

첫째, 마음 편하게 대장주를 고르세요

대장주는 해당 산업을 이끄는 가장 대표적인 주식입니다. 그래서 대장주는 주식시장 전체의 가격 상승과 거래를 이끌어 갑니다. 대체로 시장수익률보다 일정 수준 앞서가기 때문에 적절한 시점에 투자한다면 손해 볼 가능성은 비교적 적습니다.

둘째, 따박따박 현금을 원한다면 고배당주가 맞아요

저금리, 고령화 시대에 월급처럼 일정한 시기에 배당금이 들어온다면 더할 나위가 없을 겁니다. 예금금리는 연 1~2%, 임대 수익률은 연 4~5%의 수익이 평균적인 상황입니다. 만약 연 4~8% 수준의 고배당주를 꾸준히 모아간다면 꼬마빌딩의 건물주가 부럽지 않답니다.

셋째, 부동산 규제를 피해 리츠(REITs)도 좋아요

리츠(Real Estate Investment Trusts, REITs)는 부동산에 투자하는 기업의 주식을 사서 배당금 형태로 임대료를 지급받는 투자법입니다. 개인 명의 부동산 투자가 규제가 많은 반면, 리츠는 국토부에서도 세제혜택을 주며 활성화시키려 합니다. 최근엔 코로나19로 인한 언택트 무드로 오프라인 건물이나 상점에 투자하는 리츠는 인기가 떨어졌고, 대신 데이터센터·물류센터·5G통신탑에 투자하는 리츠가 각광받고 있습니다.

넷째, 공모주 청약에 도전해보세요

방탄소년단(BTS) 소속사인 빅히트엔터테인먼트의 기업공개(IPO)에 일반 공모주 청약 증거금으로 58조 원 넘게 몰렸습니다. 공모주가 뭐기에 이렇게 사람들의 자금을 끌어 모을 수 있는 걸까요?

공모주 청약은 기업이 증권시장에 상장되는 경우 일반인으로부터 청약을 받아 주식을 배정하는 것을 말합니다. 공모주 청약은 예전에는 강남 사모님들의 전유물이었지만, 정보 취득이 용이하고 일정만 맞춰 MTS로 손쉽게 청약할 수 있다는 점에서 개인투자자가 많이 늘어났습니다. 목돈이 필요하지만 단기간 내에 비교적 예측 가능한 수익을 낼 수 있다는 점에서 괜찮은 투자법입니다.

단, 모든 공모주가 수익을 낼 수 있는 것은 아닙니다. 수요와 공급을 면밀하게 계산한 뒤에 투자하는 것은 주식투자의 기본입니다.

다섯째, 잘 모르는 테마주는 피하세요

테마주는 주식시장에 큰 영향을 주는 이슈가 발생할 때 움직이는 종목군을 말합니다. 대표적인 것으로 정치인 테마주, 바이오 테마주, 애국 테마주 등이 있죠. 문제는 이런 테마주들의 경우 마치 롤러코스트와도 같이 주가가 급등과 급락을 반복한다는 것입니다.

선량한 사람들의 돈을 노리는 협잡꾼들의 작전이 시작되면 무슨 일이 벌어질까요? 이유는 잘 모르지만 주가가 뛰고, 이에 놀란 사람들은 추격 매수를 합니다.

이때 사람들은 보통 2가지 착각을 합니다. 주가가 한없이 올라갈 것이라는 것, 그리고 이 주식에 대한 정보는 나만 알고 있다는 것이 바로 그것입니다. 이 2가지 모두 틀렸다는 것을 깨달았을 즈음 세력은 한몫 챙기고 이미 떠난 뒤입니다. 결국 남은 것은 텅 빈 계좌, 그리고 너만 알고 있으라며 정보를 알려준 사람에 대한 원망뿐입니다.

2단계 : 기업 정보 읽기

이 기업이 나에게 수익을 가져다줄 수 있을지 면접을 보겠습니다. 즉 기업의 펀더멘탈(Fundamental, 근본 가치)이 괜찮은지 꼼꼼히 확인해보는 것이죠. 주식시장에서 수익을 내는 8할은 기업을 선택하는 그 순간 이미 결정된다고 해도 결코 과언이 아닙니다.

그래서 지금 회사 지표를 확인하고 미래 가치를 더해 예상 주가를 결정합니다. 물건을 살 때 조금이라도 쌀 때 사려는 것과 다를 바 없습니다. 예상 주가보다 현재 주가가 싸면 매수하면 되니까요.

① 세상 쉬운 PER, ROE, PBR

첫째, PER(Price earning ratio, 주가수익비율, 가성비)은 이익 대비 주가가 낮은지, 1주당 가격이 수익의 몇 배인지 나타내는 지표입니다. 주식의 가격이 현재 이익에 비해 싼지 비싼지를 판단하는 근거가 되기 때문에 가장 기본적으로 확인하는 지표입니다.

보통 PER 개념을 설명할 때 건물 임대료에 비교를 많이 합니다. 연 임대료 20억 원이 나오는 건물이 100억 원에 급매로 나왔다면 연 수익률은 20%입니다. 주식으로 따지자면 이 기업의 PER은 5배가 되는 것이죠. 바로 옆 건물도 같은 임대료를 받지만 그 건물은 200억 원이라 합시다. 옆 건물의 PER은 10배가 되겠죠? 즉 PER이 낮으면 이익 대비 건물가가 저평가라는 의미고, 반대로 PER이 높으면 건물이 고평가된 상태로 해석하면 됩니다.

"그 주식 지금 퍼(PER)가 몇이야? 뭐, 5배? 그럼 싸네." 업종별로 차이는 있지만 일반적으로 PER이 10 이하인 주식을 저PER주로 분류합니다. 아무래도 PER이 낮으면 이익 대비 주가가 저평가된 상황이기 때문에 안전마진을 확보했다고 볼 수 있습니다.

둘째, ROE(Return On Equity, 자기자본이익률, 기업의 수익성)는 자기 자본으로 1년에 얼마만큼의 이익을 냈는지를 나타내는 지표입니다. 계산식은 '순이익/순자산'입니다. 예를 들어 은행에 10억을 넣었을 때 1년에 2천만 원의 이자를 받는다면 이자율이 2%죠. 이와 동일한 개념이 ROE입니다. 그래서 ROE가 예금금리보다 낮으면 의미가 없고, 채권금리보다 높으면 양호한 편이라 합니다.

셋째, PBR(Price Book-value Ratio, 주가순자산비율, 기업의 청산 가치)은 기업의 시가총액 대비 순자산의 비율입니다. 계산식은 '시가총액/순자산'입니다. 현재의 시가총액보다 순자산이 많아야 기업이 망해서 청산할 때 주주들이 손실을 보지 않는다는 뜻입니다. 즉 분모인 순자산이 시가총액보다 많을 때 PBR은 1보다 낮아집니다. 이 경우 자산 대비 주가가 저평가되고 있다고 보고 주식을 매수하면 '안전 마진(Marin of safety)을 확보하고 갈 수 있다'고 해석합니다.

② 실적지표는 매출이익, 영업이익, 영업이익률

기업의 성장성을 단적으로 확인할 수 있는 지표입니다. 먼저 회계에 쓰이는 몇 가지 이익의 종류를 간단히 알아보겠습니다.

매출이익은 매출액에서 매출원가를 뺀 금액을 말합니다. 영업이익은 매출이익에서 다시 판매비와 관리비를 뺍니다. 경상이익은 영업이익에서 영업외수익을 더하고 난 후 영업외비용을 뺀 금액을 합산합니다. 마지막으로 순이익은 경상이익에 특별이익과 손실을 가감한 후에 여기서 법인세를 빼면 남는 최종 이익을 말합니다. 결국 순이익이란 기업이 벌어들이는 모든 이익에서 기업이 쓰는 모든 비용과 손실을 제외한 나머지입니다. 단순히 순이익이 좋다고 해서 무조건 경영성과가 좋은 회사는 아닙니다. 손실과 이익의 원인을 알고 종합적인 판단이 필요합니다.

- 매출이익 = 매출액 – 매출원가
- 영업이익 = 매출이익 – (판매비+관리비)
- 경상이익 = 영업이익 + (영업외수익 – 영업외비용)
- 순이익 = 경상이익 + (특별이익 – 특별손실) – 법인세

매출이익은 3개년 연속 증가하는지, 매출이익이 주춤하다면 어떤 이유 때문인지 확인해야 합니다. 영업이익은 매출은 많은데 속이 빈 강정인지 확인할 수 있는 지표입니다. 장사를 잘 하고도 남는 게 없다는 케이스가 이런 상황이죠. 동종업계 평균 영업이익률과 비교해보는 것이 좋습니다.

③ 아리송한 배당 관련 용어들

배당금이란, 주식이나 사업 등에서 나온 이익을 투자자에게 나누어주는 현금이나 주식을 말합니다. 일반적으로 다른 주식들에 비해 높은 배당금을 투자자에게 주는 주식을 배당주라고 부릅니다.

실질금리가 사실상 마이너스인 시대에 배당금을 주는 주식에 자연스럽게 관심이 높아지고 있습니다. 꾸준히 배당금을 주는 기업의 주식은 사업이 안정적으로 운영되고 있다는 반증이기도 합니다. 그래서 배당주는 주가가 크게 오르락 내리락 하지는 않는다는 특징이 있죠.

물론 기업이 연간 사업을 잘해 수익이 났다고 반드시 배당을 주는 것은 아닙니다. 배당은 각 회사들이 회계년도 안에 순이익을 내거나 내부 유보율이 많아서 주주들에게 돌려줄 재원이 있을 때만 줍니다.

배당 성향은 당기순이익 중 배당으로 지급되는 총액의 비율을 말합니다. 예를 들어 당기순이익 100억인 회사의 배당 성향이 20%라면 20억을 주주들에게 나눠준다는 계산이죠. 보통 배당 성향이 높을수록 주주들은 좋아합니다. 하지만 배당 성향이 높다고 해서 다 좋은 것은 아닙니다. 부실한 기업이라면 재무구조가 악화될 수 있기 때문이죠.

반대로 배당 성향이 낮거나 없다고 해서 나쁜 기업인 것도 아닙니다. 기업이 앞으로도 지속 성장하기 위해서는 투자금을 남겨둬야 하기 때문입니다. 미래에 더 큰 이익을 안겨주겠다는 것이니 주주들도 웬만하면 동의를 합니다. 그러므로 해당 기업의 실적 대비 적절한 선에서 배당 성향이 정해져야 할 것입니다.

주주친화정책을 중요시하는 미국에 비해 국내 기업의 배당정책은 다소 아쉬움이 남습니다. 국내 주식시장에 외국인 투자자들이 늘어나면서 언제까지 기업의 미래 청사진만 보여주면서 배당금을 줄 때까지 기다리라고 할 수는 없는 상황입니다. 또한 국민연금도 스튜어드쉽 코드를 시행한다고 여러 번 밝혔기 때문에 배당금 문화가 앞으로 빠르게 자리 잡을 수 있을 것으로 보입니다.

배당률은 쉽게 말하면 1주당 배당금을 액면가로 나눈 값입니다. 그러나 보통 액면가와 주가의 괴리감이 크기 때문에 '시가배당률'을 더 많이 씁니다. 시가배당률은 배당금이 배당기준일 주가의 몇 %인가를 나타낸 것을 말합니다.

마지막으로 배당수익률의 개념에 대해 알아보겠습니다. 배당수익률은 배당금이 현재 주가의 몇 %인가를 나타내는 말입니다. 지금 주식을 매수했을 때 배당수익을 얼만큼 받을 수 있는지 기대 수익을 미리 계산해볼 수 있죠. 만약 주가가 떨어진 상태면 상대적으로 배당수익률이 높아집니다. 그래서 매수한 후에 주가가 상승하면 그만큼 시세 차익과 배당수익의 2마리 토끼를 잡을 수 있기도 합니다.

그러나 기업이 배당금을 얼마 준다면서 사전에 계약을 하는 게 아니잖아요. 실적이 안 좋으면 배당금을 줄이거나 없앨 수도 있습니다. 2020년은 코로나19로 중간 배당을 생략하는 기업이 많았다는 것도 기억하세요.

One Point lesson!

Q. 배당금을 받으려면 주식을 언제 사야 하나요?

A. 국내 주식은 대부분 1년에 한 번 배당금을 지급합니다. 물론 반기나 분기로 주는 기업도 있습니다. 배당금을 받기 위해서는 배당 기준일에 주식을 보유하고 있어야 합니다. 주식 보유 기간만큼 정산해주는 게 아니라 이날 하루만 가지고 있어도 배당금을 받을 수 있어요. 그러니 배당금을 받으려는 사람들이 주식을 사들이니까 배당 기준일까지 주가가 계속 오르다가 다음 날 주식을 팔아버려 주가가 떨어지는 현상을 볼 수 있답니다. 이처럼 배당기준일 다음날 주가가 떨어지는 것을 배당락이라고 합니다.

3단계 : 내 주식을 쑥쑥 키우려면

이제 내 취향에 맞는 주식을 기업 지표까지 확인하고 샀습니다. 남들이 보기에 좋은 옷보다는 나에게 맞는 옷을 고르는 게 중요합니다. 지속 가능한 투자는 무엇보다도 내 성향에 맞아야 하니까요. 이제 남은 것은 잘 키워 나가는 겁니다. 그러나 거시적 환경이나 기업 내부 문제 또는 수급에 따라 주가가 떨어지기도 합니다.

마이너스가 찍힌 계좌를 내가 어느 정도 견딜 수 있는지도 투자의 지속성을 결정하는 중요한 요인입니다. 원금 기준으로 플러스 마이너스 몇 %까지 견딜 수 있는지 정해두는 것도 좋습니다. 자꾸 주식 호가창을 들여다보며 엉덩이가 들썩거린다면 투자보다는 예금이나 채권에 투자하시는 편이 나을 수 있거든요.

그래도 주식 사이클을 이해하고 원인과 해결책을 찾으려고 노력해본다면 주식투자자의 불안은 사라집니다. 예를 들어 코로나19 사태가 터지며 2020년 3월 주식시장이 심하게 급락했을 때를 생각해볼게요. 당시에 정부가 재정을 쏟아붓고 연기금의 투자금이 주식시장으로 들어오는 것을 봤습니다. 우리는 일상으로 돌아올 수 있다는 기대가 들며 주식시장은 다시 상승 기조를 타기 시작했습니다. 이러한 과정을 알고 있다면 불안감에서 오는 실수를 줄일 수 있겠죠.

자꾸 불안하면 잘못된 의사결정을 하게 되어 돈을 잃을 확률이 높습니다. 불안감에서 벗어나 지속적으로 내 주식을 키우는 3가지 방법을 알려드릴게요.

첫째, 주식 수를 압축합니다

이것도 좋을 것 같고, 저것도 좋은 것 같아 이것저것 포트폴리오에 담으면 신경 쓸 게 많아집니다. 소유의 고통을 느낄 수도 있어요. 보통 주가가 하루 2% 이상 오르거나 내리면 이유를 확인해야 합니다. 그런데 보유하고 있는 주식 종류가 많으면 모두 확인하기가 어려울 수 있습니다. 자신이 컨트롤할 수 있는 역량에 맞게 기업 수를 줄여보세요.

둘째, 매도 타이밍을 미리 정합니다

주식은 사는 것보다 파는 게 더 어렵습니다. 언제 팔아야 할까요? 우선 내 목표 수익률에 접근했을 때입니다. 더 사고 싶은 기업이 생겼을 때도 팔아야 합니다. 마지막으로 '이만하면 됐다. 다음 사람도 이익 좀 봐야지'라고 마음먹을 수 있을 때입니다. 좋은 마음으로 매도하면 설사 매도 후 주가가 상승해도 마음이 훈훈합니다. 그런 마음이 있어야 또 다른 좋은 기업을 찾을 수 있거든요

셋째, 경제기사를 제대로 봅니다

경제 흐름을 놓치지 않기 위해 경제기사를 봐야 합니다. 최대한 객관적 이슈를 점검하고 통계 자료의 치우침이 없나 확인하는 습관을 들여다보세요. 어느 언론사나 관점과 해석을 하는 기준이 다르기 때문에 무비판적으로 수용하기만 한다면 소중한 자산을 잃을 수도 있답니다. 또한 경제기사는 항상 '사태'로 시작해 '우려'로 끝날 때가 많습니다. 그래서 경제기사를 오래 읽다보면 약간 비관론자처럼 보이기도 한답니다.

기사 속 사건과 사회 환경에 탄식만 할 것이 아니라 기회도 찾아야 합니다. 인류의 역사는 반드시 보편적 가치가 추구하는 방향으로 흘러왔다는 것을 기억하고 긍정적인 태도를 가지는 게 좋습니다.

014

성장주와 가치주,
그것이 고민이라면

성장주와 가치주, 이 2가지 중에서 뭐가 더 나을까요? 주식투자에서 수익을 얻을 수 있는 방법은 주식 가격 상승으로 인한 시세차익 또는 배당금입니다. 내가 어떤 목적으로 주식투자를 하려 하는지 먼저 정한다면 이 질문에 대한 답을 쉽게 낼 수가 있겠죠?

세입자에게 임대료 받듯이 주식을 매수해 따박따박 배당금을 받고 싶다면 가치주 중심으로 포트폴리오를 구성하면 좋습니다. 반대로 내가 젊고 아직은 본업도 있기 때문에 나중에 시세차익으로 돈을 벌고 싶다면 가치주가 아닌 성장주를 선택하는 게 답입니다.

하지만 여기서 생각해볼 대목이 있습니다. 현재와 같은 포스트 코로나 시대에 과거를 기준으로 가치주와 성장주를 나누는 것이 과연 맞을까요?

기술주 조정에 자산배분은 "경기 민감주 확대…성장주 유지"

〈연합인포맥스 2020. 9. 10〉

증시 전문가들은 10일 기존 주도주인 성장주를 중심으로 경기 민감주 비중을 확대할 필요가 있다고 설명했다. 그간 상승했던 미국 주요 기술주들이 큰 폭으로 내리며 성장주에 대한 가격이 전반적으로 하락했다. 지난 2일부터 전장까지 미국 기술주 주가는 애플 10.7%, 아마존 7.4%, 테슬라 18.1% 등 급락했다. 이에 국내에서도 4일 이후 네이버 10.18%, 카카오 6.34%, LG화학 8.98% 등 주요 성장주에 대한 조정이 이어졌다. 신종 코로나바이러스 감염증(코로나19) 확산으로 인한 시장 충격이 있고 난 뒤 자산 가격은 선행성을 반영하며 성장 가능성이 큰 업종 위주로 상승해왔다. 이에 비대면 정보기술(IT), 전기차, 헬스케어 등의 업종으로 자금이 몰렸다. 다만, 경제 정상화 기대가 커지고 있기 때문에 기술주에 대한 투자는 유지하면서도 경기 민감업종으로 자산 배분을 조정할 필요가 있다는 전망이다.

분석 ▶ 한없이 오를 것 같던 미국 기술주 중심의 성장주는 브레이크가 밟혔고, 코로나 이전 가격을 찾지 못하고 있던 업종들에 순환장세가 일어나고 있습니다. 대외변수 없이 너무 고점이라 조정받는 것이면 저가 매수의 기회일 수 있습니다. 금리 인상이나 바이러스, 전쟁 등 대외변수가 있을 때는 주식시장 전체가 급락할 테니까요.

가치형 성장주와 성장형 가치주로 업그레이드

성장주란, 현재 기업 가치는 낮지만 미래에는 가치가 매우 올라있을 기업의 주식을 말합니다. 그래서 성장주는 기업이 실적을 내더라도 주주들에게 배당을 지급하기보다는 재투자의 자원으로 쓰려고 합니다. 물론 기업의 주주친화 정책에 따라 배당을 조금이라도 주는 배당성장주도 있습니다.

성장주에 투자하고 싶나요? 그렇다면 새로운 시장을 만들어내고, 잉여현금흐름을 창출하고 있으며, 강한 시장 지배력을 가진 기업인지 확인해야 합니다.

아마존이 강한 시장 지배력으로 들어서고 있는 상황이고, 테슬라가 잉여현금흐름을 창출하기 시작한 단계입니다. 누군가에게 지금 이 가격이 고평가 같아 보이지만, 다른 누군가에게는 결국 기업 가치가 현재 주가만큼 상승할 거라 믿음이 갈 겁니다. 그러면 그 사람은 보유해도 마음이 편합니다. 앞으로 기업 가치가 오를수록 배당도 기대할 수 있겠습니다. 괜히 팔았다가 더 낮은 가격에 사려고 하다가는 엄청난 주가 상승으로 닭 쫓던 개 지붕 쳐다보는 꼴이 되고 맙니다.

반대로 가치주는 실적을 꾸준히 내고 있는 기업으로 가치 평가에서 높은 점수를 받지만 시장의 인기와 트렌드에 안 맞아 저평가되어 있는 주식을 말합니다. 싸게 사서 비싸게 팔 수 있는 안전마진을 확보할 수 있죠. 보통 이런 주식들은 기업의 배당 성향에 따라 일부 배당금을 주기도 합니다.

가치주에 투자하고 싶나요? 최근 들어 성장주의 고점 논란으로 불안이 크다면 가치주 비중을 늘려가는 것도 좋습니다. 제로 금리와 코로나19로 유동성 장세가 열리며 성장주로 몰렸기 때문에 가치주가 저평가받는 시기라 배당효과를 더욱 크게 가져갈 수 있거든요.

만약 지금이 경기 하락기라면 두말 할 나위 없이 가치주를 선택해야 자산 가치의 급격한 하락을 막을 수 있답니다. 기업의 성장성이 있거나 독점적 우위의 기술이나 브랜드 파워를 가진 우량한 가치주라면 주가 상승의 여지가 충분히 있으니까요. 게다가 가치주에 투자하면 배당으로 유연하게 현금흐름을 만들어가거나 재투자해 복리효과도 기대할 수 있어 부담이 덜합니다.

사실 '성장주냐 가치주냐'는 고민할 이유가 없습니다. 그러니 이름에 연연하지 말고 기업의 본질을 꿰뚫어보고 가치형 성장주 또는 성장형 가치주를 고르시면 됩니다.

이게 무슨 말이냐면 코로나19로 인해 바뀐 삶의 모습에 잘 적응해가는 기업이 좋다는 의미입니다. 전통 기업이 언택트·친환경으로 사업을 잘 전환시켜 나간다면 가치주에서 성장형 가치주가 될 수 있고, 원래 언택트·친환경으로 시작한 기업이 실적을 꾸준히 내게 되었다면 성장주가 가치형 성장주가 되는 것입니다.

포스트 코로나에 적응하는 기업으로

단, 과거에 배당을 많이 줬던 기업이라도 현재에는 다시 한 번 질문을 던져봐야 합니다. "포스트 코로나에도 돈을 벌 수 있는 기업인가?"

코로나19 이후 가치주는 주가 회복이 더딘 상황입니다. 코로나 장기화에 따른 경기 회복 지연이 가장 큰 이유입니다. 비단 그뿐만은 아닙니다. 온라인시대로 가는 길목에서 점차 매출이 떨어져가던 기업들은 변화에 적응하지 못했다는 의미입니다. 그런 기업들은 코로나19 때문에 더 급속히 기업 가치가 하락할 수밖에 없겠죠. 그래서 과거에 영광을 잊고 새로운 시대에 맞는 비즈니스를 하거나 준비하는지 초점을 맞춰서 기업을 봐야 합니다.

가끔은 일부 차익도 실현하세요. 모든 걸 급하게 결정하는 사람들은 수익을 내기 힘듭니다. 하루 오르고 하루 내리는데, 홀짝 맞추기도 아니고 그걸 굳이 마켓타이밍을 맞추겠다고 샀다 팔았다 하는 분들이 있어요. 그렇다고 주식을 평생 묻어둔다고 고집하는 분들도 문제이긴 합니다. 주식이 오르면 일부 차익 실현해서 맛있는 것도 드시고 여행도 다녀오세요. 미래를 위해 오늘을 희생하고 양보만 하는 삶은 훗날 돌아봤을 때 후회만 가득할 수 있으니까요. 설사 내가 팔았던 주식이 더 오르더라도 오늘 소고기를 먹었다면 기분이 영 나쁘지는 않을 거예요.

Q. 현재 좋은 리츠의 조건은 무엇인가요?

A. 과거에는 '유동인구'를 좋은 부동산의 조건이라 했습니다. 그래서 쇼핑몰, 오피스 등 유동인구가 많은 지역에 투자하는 리츠가 성행했죠. 이제는 사람들이 몰리는 곳보다 '택배'나 '데이터'가 몰려있는 지역이 값비싼 부동산이 될 거라는 생각입니다. 개인적으로 경기도 하남시 초이동을 가끔 지나갑니다. 이 곳은 삼면이 감일, 고덕, 미사로 둘러싸여 있고 외곽순환도로를 이용하기 좋은 위치이죠. 그래서 작은 물류센터들로 가득합니다. 이젠 상가 임대료를 받는 것보다 이런 땅에서 물류창고 임대료를 받는 게 훨씬 좋은 시대가 되었습니다. 서울 인근에 이런 물류센터 단지들이 많이 늘어나고 있는 것도 같은 이유입니다.

015

공모주 청약,
시뮬레이션하기

공모주는 비상장기업이 정해진 절차에 따라 일반 불특정 다수의 투자자들에게 새로 주식을 발행하거나, 기존 주식을 매출해 유가증권시장 또는 코스닥시장에 상장하는 행위를 말합니다. 간단히 요약한다면, 장외 시장에서 거래되던 주식을 제도권 안으로 들어오게 해 일반인도 거래소에서 거래를 할 수 있도록 하는 것이죠. 자금만 있으면 비교적 공정하게 주식을 할당받기 때문에 단기에 수익을 챙기기에 좋아 주식 중급자들이 많이 활용합니다.

공모주가 이렇게 핫했던 해가 있었던가 싶네요. 2020년 상반기만 해도 공모주는 줄줄이 연기되었습니다. 왜냐하면 KOSPI 1400대 시대에 우량주 주가가 그렇게 많이 하락했는데 목돈을 준비해서 복잡한 일정에 맞춰 얼마 안 되는 공모주 수익을 쫓을 이유가 없었으니까요. 그렇게 미루어졌던 IPO 일정이 속도를 낸 것은 지난 2020년 6월부터였습니다.

'오늘도 상한가' 카카오게임즈, 코스닥 3위…고평가 논란도 계속

〈중앙일보 2020. 9. 11〉

상장일부터 이틀 연속 상한가를 기록한 카카오게임즈가 코스닥시장 3위로 올라섰다. 카카오게임즈 주식은 상장 전 공모가격이 2만 4,000원이었는데, 상장일인 10일에는 6만 2,400원, 11일에는 8만 1,100원이 됐다. 1,525대 1의 경쟁률을 뚫고 청약에 성공했다면, 이날까지 수익률은 238%에 달하는 셈이다. 올해 기업공개(IPO) 시장 최대어라는 SK바이오팜은 상장 후 3일 연속 상한가('3연상')를 달성했는데, 투자자들 사이에선 카카오게임즈도 그럴 수 있을 거란 기대감도 팽팽하다.

분석 국민적 관심을 모았던 카카오게임즈가 2020년 9월 10일 상장되고 이틀 연속 상한가를 달린다는 소식입니다. 언택트와 카카오 브랜드 프리미엄을 등에 업고 카카오 자회사 1호 상장은 성공적이었습니다. 그러나 지금은 실적을 기반으로 매겨진 기업의 가치가 아닌 상황이라 지나친 기대감만으로 추격 매수하는 것은 위험하다는 지적도 나오고 있습니다. 상장 거품이 걷히면 주가는 하락할 수도 있습니다. 신작 게임이 출시되고 카카오라는 플랫폼을 잘 활용할 수 있는 기업으로 거듭나는 것을 확인 후 투자해도 되겠습니다.

당시 상황을 복기해보겠습니다. 핫한 바이오 업계에 새로운 공모 바람이 불기 시작해서 SK바이오팜 때 정점을 찍었죠. 이때부터 일반인들의 공모주 청약붐이 일어났습니다. 개인투자자들이 주식 거래에 익숙해지면서 공모주 청약에 대한 두려움도 사라졌기 때문입니다. 그리고 아파트 청약에서 주는 '청약'이라는 설레임과 로또라는 인식이 고스란히 주식시장으로도 옮겨왔습니다. 그래도 리츠 공모 시장은 여전히 찬바람이 불고 있는 것을 보면 개인들도 무분별한 청약이 아니라 분석을 하고 공모주에 청약하는 것으로 보입니다.

공모주 청약, 이렇게 하면 된다

공모주 청약은 어디서 할까요? 일반 주식은 아무 증권사에서나 거래 가능하지만 공모주는 몇 군데 주관사를 미리 선정합니다. 그래서 해당 기업의 상장 관련 일정과 정보를 미리미리 기사를 통해 파악해야 합니다. 그래야 주관사 계좌도 만들고 청약 증거금도 준비해둘 수 있겠죠?

자금은 어떻게 마련할까요? 청약 증거금은 청약 신청 주식 가격의 50%입니다. 현금은 가지고 있는대로 모으고, 신용대출, 예금 및 보험담보 대출을 일시적으로 받기도 합니다.

최대한 일시적으로 동원할 수 있는 자금을 뭉쳐봅니다. 증권사 고객 등급에 따라 우대고객은 좀 더 많이 청약할 수 있지만 일반고객이라도 실망하지 마세요. 만약 나의 자금 동원력이 1인 한도 이상이라면 가족 명의 계좌까지 개설해 배정받을 수 있는 주식의 수를 늘립니다.

이제 실제 SK바이오팜 상장 시뮬레이션을 5단계에 걸쳐 해보겠습니다.

1단계, 기업 정보와 청약 정보를 찾아봅니다

관련 정보는 '투자설명서'와 '〈증권발행실적〉 보고서'를 확인합니다. 금융감독원 전자공시시스템(dart.fss.or.kr)에서 기업명을 검색하면 확인 가능합니다. 38커뮤니케이션(38.co.kr)이나 피스탁(pstock.co.kr)에서는 청약 일정과 규모, 의무 확약률 및 장외시장 거래 상황을 확인하기 좋습니다.

SK바이오팜은 글로벌 신약 시장을 타깃으로 중추신경계 분야, 특히 뇌전증 분야의 혁신 신약 개발에 집중하는 기업입니다. SK그룹이 삼성그룹처럼 반도체 다음으로 육성하는 바이오 분야라는 점에서 주목할 가치가 있었습니다. 청약일은 2020년 6월 23일~24일, 증거금 반환일 6월 26일, 상장일 7월 2일임을 확인하고 자금 계획을 세웁니다.

2단계, 공모가 확정 및 기관 수요예측 결과를 확인합니다

공모 밴드를 먼저 살펴보겠습니다. 3만 6,000원~4만 9,000원이었는데 상단인 4만 9,000원으로 확정됐습니다. 기관 수요예측은 836대 1로 나왔습니다. 이 말은 상장 당일 폭발적으로 주가가 뛸 가능성이 높다는 의미입니다. 상반기 최대 IPO답게 모든 면에서 기록을 갈아치웠습니다.

기관 수요예측이 좋은 공모주가 좋습니다. 비교적 상장 첫날 높은 시초가를 형성하기 때문에 안전마진을 챙겨갈 수 있다는 이점이 있기 때문입니다.

3단계, 공모를 할 수 있는 증권사를 알아봅니다

규모가 큰 만큼 많은 증권사가 참여했네요. 일반 청약자가 청약할 수 있는 물량은 유통 물량의 20%인 391만 5,662주이며, NH투자증권이 180만 1,898주로 가장 많고 한국투자증권(121만 2,816주), SK증권(55만 4,430주), 하나금융투자(34만 6,518주) 순입니다. 증권사마다 계좌 개설 날짜 기준도 다릅니다. 청약일까지 개설해야 하는 곳도 있고, 청약일 전일까지 개설해야 하는 곳도 있으니 미리 확인이 필요합니다.

어떤 증권사를 선택할지 고민이죠? 최종 경쟁률이 다르기 때문에 막판에 눈치 싸움이 있을 수 있습니다. 자금 여유가 있다면 중복 청약도 가능합니다. 이것저것 신경 안 쓰고 싶으시면 그냥 기존 계좌가 있던 곳을 추천합니다. 최종 경쟁률은 늘 비슷했습니다.

4단계, 청약증거금을 계좌에 넣어야 합니다

가급적 청약증거금을 많이 계좌에 넣어둘수록 경쟁률에 따라 배정받을 수 있는 주식수가 늘어납니다. 전체 청약 증거금으로 예상 경쟁률을 계산할 수 있습니다. 총 얼마의 돈이 모였느냐가 관건인데 지금 상황으로는 2014년 제일모직 공모 때 28조 원의 증거금이 모였고, SK바이오팜은 31조 원으로 마감했습니다.

5단계, 수익을 대충 시뮬레이션해보겠습니다

증권사별로 다르지만 한국투자증권 기준 1인당 청약 한도는 온라인 전용(50%) 2만 주, 일반(100%) 4만 주, 우대(200%) 8만 주, 최고 우대(300%) 12만 주입니다. 내가 일반 청약 자격이라면 1인당 한도는 4만 주, 청약증거금은 9억 8천만 원(40,000주 × 49,000원 ÷2)이 필요합니다.

그냥 자신의 수준에서 가능한 자금만큼만 끌어오기로 합니다. 만약 2억 원의 자금을 동원할 수 있다고 가정했을 때 다음과 같은 수식이 나옵니다.

- 청약 증거금 (2억 원 × 2) ÷ 4만 9,000원 = 8,163주 청약
- 최종 경쟁률 323.02대 1로 마감

  8,163주 ÷ 323.02 = 25.27 → 25주 배정받음
- 25주 × 4만 9,000원 = 122만 5,000원을 제외한 청약 증거금이 환급됨

상장일 시초가는 공모가의 90~200%선에서 결정되는데 SK바이오팜은 200%로 시작했고, 마감은 30% 상한선까지 간 12만 7,400원이었습니다. 결국 1주당 수익은 마감가에서 공모가를 뺀 7만 8,400원이 되었네요.

이후 SK바이오팜은 3거래일 연속 상한가를 갔다가 조정되기 시작했습니다. 특히 이번 SK바이오팜 때문에 신규 계좌가 더욱 늘었고, 주식의 개념이 약한 분들이 투자에 나섰습니다. 공모주는 개념이 생소하고 금액 단위와 계산법이 쉽지 않아 사전에 공부가 필요합니다.

공모주 투자 팁과 주의 사항

문제는 공모에 청약했다 하더라도 그 이후 어떻게 수익을 낼지 고민이 없다면 애써 자금력을 총동원해 날짜를 맞춰 청약

하는 게 무의미하답니다. 그래서 제가 공모주 투자 팁을 드리겠습니다.

보통은 상장 첫날 바로 매도하는 게 일반적입니다. 수요와 공급이 정점을 찍는 시점이 보통 당일 오전 9시 30분 이전이거든요. 기관 수요예측 결과가 높은 기업일수록 상장일 오전에 물량을 구하려는 기관들이 매수를 하려고 합니다. 뿐만 아니라 공모주 투자를 하기에는 목돈이 부족했던 개인들도 이때를 기다리는 수요이죠. 그래서 공급되는 주식은 적고 수요가 많은 잠깐의 시기가 생깁니다.

공모주만 전문으로 투자하시는 분들은 자금을 굴려야 하기 때문에 이 월식과 같이 짧은 시기에 차익을 보고 나가죠. 그런데 SK바이오팜은 4년만의 대형주라는 점, 바이오 트렌드, 삼성을 벤치마킹하고 있는 SK라는 점에서 보유 의견도 많았으니 최종 투자는 항상 스스로가 결정하는 게 맞습니다.

앞으로 공모주에 투자할 때도 이것만 조심하세요. 모든 공모주가 소위 따상(시초가 더블, 상한가 마감)을 보장하지 않는다는 것을요. 공모 시장에서는 애초부터 낮은 경쟁률에 시초가가 공모가 아래로 추락하는 경우가 비일비재합니다.

최근 4년 새 기술특례 상장제도를 통해 상장한 86개 기업 중 57개사가 제약·바이오 기업이었고, 이 중 50개사는 2019년 영업손실을 기록했으며, 100억 원 이상 적자를 낸 곳도 16곳에 이른다고 합니다. 공모주 붐을 타고 상장 대박을 노리고 사전에 회계를 조작하고 장밋빛 전망을 기사에서 홍보하기도 합니다. 공모주 청약 경쟁률이 기업의 가치를 나타내는 바로미터이기 때문이죠.

그래서 청약 전후 이러한 기사들은 보통 걸러 들으세요. 기사의 행간을 읽지 못한 채 청약하는 것과 아닌 것은 큰 차이가 있답니다. 마치 알면서도 가끔 져주는 것처럼요. 그래서 개인이 공모주에 투자할 때에는 꼭 기업 정보와 기관 수요 예측을 확인하고 투자를 결정하면 좋습니다.

확실히 주식시장에서 개미의 입김이 세지고 있습니다. 공매도 금지를 6개월 연장시킨 것도 모자라 이번에는 IPO 우리사주 미달분은 기관에서 대신 개인으로 변경하고, 소액청약 추첨구간을 신설할 수도 있다고 합니다. 동학개미운동이 주식시장의 주인을 바꿔놓고 있는 판세입니다. 이런 시기에 조금 더 현명하게 투자에 임한다면 분명 좋은 성과를 내고, 좋은 투자 습관을 가질 수 있으리라 생각합니다.

016

투자도 바야흐로 해외직구 시대

절대 주식은 안 할 거라던 선배에게서 어느 날 연락이 왔습니다. 아무래도 주식계좌를 만들어야겠는데, 물어볼 사람도 없다며 차로 한 시간이나 떨어진 제 집 앞까지 오셨어요.

그래서 아이디부터 만들고 신분증 촬영하고 인증받으며 짜잔 하고 주식 계좌를 만들어드렸습니다. 앞으로 나 원망하지 말라는 당부와 함께. 그렇게 삼성전자 1주 사는 것을 도와드렸고, 애플도 1주 예약주문 해보자 했는데 미국 주식은 너무 어렵다며 그냥 가셨어요. 그런데 몇 달이 지나 또 한 시간 거리를 운전해서 오셨네요. 애플을 사야겠다면서요.

날로 미국 주식에 대한 관심이 높아져 가고 있습니다. 밤잠을 설쳐가며 새벽까지 주식 시세를 보며 다음 날 멍한 하루를 보내는 사람들도 많아졌습니다. 미국, 즉 뉴욕 증시니까 기준은 미국 동부 시간입니다. 그래서 미국은 주식시장이 밤 11시 30분~다음날 새벽 6시(서머 타임 적용시에는 밤 10시 30분~다음날 새벽 5시)에 개장과 폐장을 한답니다.

미국 주식시장의 매력은 과연 무엇일까요? 뭐가 그리 좋기에 이처럼 많은 사람들이 미국 기업에 투자하려 할까요?

[너도나도 원정개미] 증권가 고객 유치 경쟁 '후끈'

〈아주경제 2020. 8. 26〉

해외 주식 직구 열풍에 원정개미를 사로잡으려는 증권가 경쟁이 뜨겁다. 주요 증권사가 환율을 우대하거나, 주식을 쪼개 살고 팔 수 있는 편의를 제공하며 손님을 끌어모으고 있다. 25일 금융투자업계에 따르면 키움증권은 현재 최대 30만 원의 현금을 지급하는 타사대체입고 이벤트 '키움으로 해외 주식 옮기기'를 진행하고 있다. 이 이벤트는 다음 달 30일까지 해외 주식 순입고금액과 거래금액에 따라 현금을 주는 행사다.

- -

분석 ▶ 국내 개인 투자자의 해외 주식 매수세가 역대 최고치를 기록하고 있습니다. 해외 주식직구 열풍은 코로나19로 인한 충격이 가시면서 각국 증시가 활황을 띄고 있기 때문입니다. 주식은 폭락해도 다시 오른다는 믿음이 강하게 적용받으며 국내와 해외 할 것 없이 개인들이 진출하고 있는데, 이런 개인들을 '원정 개미' 혹은 '서학 개미'라고 부르기도 합니다.

미국 주식시장이 지닌 매력

첫째, 경제 규모가 큽니다

2019년 세계 GDP 국가별 순위를 봤을 때, 미국이 1위(21.4 조 달러), 중국이 2위(14.1조 달러), 일본이 3위(5.2조 달러), 독일이 4위(3.9조 달러)였습니다. 우리나라는 12위로 1.6조 달러였습니다. 미국은 전 세계 경제의 1/4을 차지하는 나라이며 달러는 기축통화입니다. 2019년 우리나라 교역 1위인 중국에 이어 미국은 두 번째로 우리와 교역이 활발한 나라입니다.

둘째, 주식시장 규모도 큽니다

미국은 전 세계 주식시장에서 가장 큰 규모의 주식시장을 가지고 있습니다. 2018년 기준 30.44조 달러(44.33%) 규모로 세계 1위였고, 우리나라는 1.41조 달러(2.06%)로 10위였습니다. 비중으로 따졌을 때 미국은 우리 주식시장의 20배가 넘는 큰 시장이죠. GDP로 따져도 미국은 20조 4천억 원으로 세계 1위이고, 기축통화 달러를 사용하는 나라입니다. 또한 금융시장이 발달했다는 점도 우리나라 주식시장보다 미국 주식시장의 안전성이 높다고 판단되는 부분입니다. 전 세계 투자자들이 미국은 항상 제1의 투자 대상으로 삼고 있기 때문이죠.

셋째, 4차산업과 관련된 공룡 기업들이 많습니다

미국 증시에 상장되어 있는 기업 중 아마존, 디즈니, 애플, 넷플릭스 등 우리 생활에도 친숙한 기업들이 많잖아요? 많이 듣고 사용하다보니 좋다는 것을 알게 되고, 투자하고 싶은 마음이 드는 것은 인지상정입니다.

넷째, 미국 기업들은 혁신성이 높고 지속 성장 중입니다

가능성과 도전의 대명사인 벤처 기업들이 IPO(기업공개) 시장에 계속 올라오기 때문에 우리나라 개인투자자들의 투자 욕구를 불러일으키고 있답니다.

다섯째, 주주 친화적 기업 정책이 자리잡았습니다

우리나라 기업들의 오너 및 가족들을 위한 문어발식 경영에 실망한 사람들은 주주 친화적 정책이 자리잡은 미국 기업에 대한 동경심이 커져가죠. 미국은 오랜 금융 역사를 가지고 있으며 전통적으로 주주친화 기업 정책이 매력적인 곳입니다. 전 세계의 자금이 몰리는 곳이 바로 미국 주식시장입니다. 배당금을 수시로 꾸준히 준다는 점에서 매월 연금처럼 배당금을 받을 수 있는 월 배당 포트폴리오도 만들 수 있습니다. 제대로 주주 대접을 받으려면 미국 주식이 좋습니다.

여섯째, 손쉽게 투자할 수 있습니다

다행히 금융 서비스가 점차 발달해 개인의 해외 투자가 손쉬워졌습니다. 좀 더 넓은 시야로 투자의 폭을 넓히기에는 미국 주식이 적합하죠. 그래서 미국 주식 직투 경향이 높아지고 있습니다. 한국예탁결제원에 따르면 미국 주식 보관규모는 2020년 9월 말 기준 약 252억 달러로, 전년 말 약 84.2억 달러보다 200% 증가했고 외화증권 관리종목 수는 1만 7,954개로 2015년보다 2.4배 늘어났습니다.

결국, 사고 싶은 주식이 많은 나라라는 게 정답이겠네요. 게다가 미국 주식투자가 예전에 비해 쉬워졌고, 박스피에 지친 국내투자자들이 많이들 건너갔습니다. 단점이라면 거래 시간이 다르기 때문에 시차 극복하는 거 정도일까요?

미국 주식투자에 앞서 꼭 알아야 할 것들

해외 주식에 투자하는 방법은 국내 주식과 크게 다르지 않습니다. 국내 증권사에서 MTS(Mobile Trading system)이나 HTS(Home Trading system)에 가입해 주식거래를 할 수 있는 시스템을 갖추고, 해외 주식 매매(외화증권 약정)를 신청하면 끝입니다. 미국은 달러, 유럽 유로화, 일본은 엔화 등 해당 국가 돈으로 환전해야 하지만, 증권사별로 원화로 거래할 수 있는 시스템도 있으니 본인이 편한 것으로 선택하면 좋겠습니다. 개인적으로는 환차까지 고려했을 때 원화거래보다는 달러 환전 후 매매하는 방법을 좋아합니다.

미국 주식은 국내 주식 거래에 비해 수수료가 높습니다. 통상적으로 미국은 0.12~0.20% 수준이고, 국내는 0~0.015% 정도입니다. 반면 미국은 거래세가 없고, 국내 주식은 거래세 0.25%가 있습니다.

환전에도 수수료가 있습니다. 그러나 최근 증권사 간 경쟁으로 고객 유치를 위한 다양한 혜택을 주고 있기 때문에 수수료 부분은 크게 걱정하지 않아도 괜찮습니다. 그렇다고 주식을 너무 자주 사고팔지는 않는 게 좋습니다.

배당금은 이자와 함께 연간 2천만 원 이상일 때 금융소득종합과세에 포함되며, 양도소득세는 분리과세되므로 250만 원 공제 후 남은 금액의 22%만 매년 정산해서 세금으로 내면 됩니다. 예를 들어 1월 1일부터 12월 31일까지 해외 주식을 거래해 손익 합산 300만 원이라면 250만 원을 공제한 50만 원의 22%인 11만 원을 세금으로 내면 됩니다. 다행히 해외주식거래는 이익과 손실을 합산해주기 때문에 조금 덜 억울합니다.

배당소득세는 현지에서 원천징수하고 입금되며 연간 국내외 이자와 배당금을 합산해 2천만 원을 넘지 않으면 따로 국세

청에 신고할 일이 없습니다.

이렇게 간략하게 미국 주식에 투자하는 방법에 대해 알아봤습니다. 매일 아침에 눈을 떴는데 '나스닥 사상 최고치 경신' 소식만 듣고 있기에는 너무 억울하잖아요. 물론 미국 주식시장이 크고 수익률이 좋다고 하지만 예금이 아니기 때문에 원금 손실 가능성이 있습니다. 무작정 손해보는 기분이라고 남따라 투자하지 마시고, 본인이 100% 마음먹었을 때 하세요.

Q. 저는 그래도 아직 주식투자가 두려운데요?

A. 누구나 원금 손실은 두렵습니다. 그렇기 때문에 스스로 '어느 정도 수익을 보겠다' '어느 정도 손실이 나도 참아보겠다'라는 기준점을 잡는 게 중요합니다. 그러고 나서 투자를 시작하세요. 투자를 두려워해서는 부자가 될 수 없답니다.

투자를 저축처럼 익숙한 방법으로 하는 것도 좋습니다. 적금처럼 소득에서 아낀 돈으로 투자를 적립식으로 해나가는 것이죠. 돈을 벌어서 아끼고 불리는(번아불: 번다, 아낀다, 불린다), 이 당연한 패턴이 편해질 때까지 반복해보세요. 지루해보일 수 있지만 이것만큼 유혹에 빠지지 않고 확실한 방법도 없답니다.

017 주식에 투자하는 다른 방법, ETF와 펀드

지금까지 모든 재테크의 시작이라 할 수 있는 주식의 기초에 대해 알아봤습니다. 아직까지 주식에 직접 투자하는 것이 번거롭고 어렵다고 생각하는 분들도 많으십니다. 그래서 기업의 주식에 투자하는 2가지 방법을 더 소개합니다. 그것은 바로 'ETF'와 '펀드'입니다.

주식을 직접 투자하는 게 어렵다면 ETF나 펀드로 우회하여 투자하셔도 좋습니다. 또한 실물자산이나 채권 등에 투자하는 것도 괜찮은 방법입니다.

ETF와 펀드는 종목별 주식에 투자하는 것보다 간편하고 분산투자 효과로 위험성이 감소된다는 장점과 수수료가 있다는 단점이 있습니다. ETF와 펀드의 장점과 단점에 대해 하나씩 알아보겠습니다.

200兆 돌파한 해외펀드 투자액… 수익률 1위는 동남아 34%

〈조선일보 2020. 8. 19〉

최근 테슬라와 애플 등 대형 기술주 중심으로 미국 증시가 꾸준히 상승세를 타면서 해외 주식뿐 아니라 해외 펀드도 국내 투자자들에게서 인기를 누리고 있다. 코로나 사태로 인한 폭락장 이후 해외 주식투자가 크게 늘면서 직접 투자가 어렵다고 생각하는 개미 투자자들이 해외 펀드로 몰리고 있는 것이다. 최근에는 운용사뿐 아니라 은행 역시 투자자들을 끌어모으기 위해 해외 펀드 판매에 열중하는 모양새다. 금융투자협회에 따르면 지난 13일 기준 공모 펀드와 사모 펀드를 합친 해외 펀드 설정액 총액은 200조 4,593억 원으로, 사상 처음으로 200조 원을 돌파했다. 올해 초(183조 8,330억 원)보다 9%, 1년 전(164조 3,578억 원)보다는 22% 증가한 것이다.

분석 국내 예금과 펀드에서 자금이 빠져나가 직접투자로 간다는 기사가 있었습니다. 그러나 해외펀드는 꾸준히 자금이 유입되며 사상 처음으로 200조 원을 돌파했습니다. 특히 개별 주식의 거래가 쉽지 않은 이머징 마켓은 펀드를 활용하는 편이 유리합니다. 또한 최근 금융당국이 발표한 금융투자세제안에 해외 펀드에 대한 세제 혜택이 포함되면서 투자자의 관심은 더 집중되고 있습니다. 자신의 성향과 자금 규모를 고려하며 지속 가능한 투자를 하기 바랍니다.

ETF : 거래는 주식처럼, 대상은 펀드처럼

요즘 우리는 가성비(가격 대비 성능)를 구매의 제1원칙으로 생각합니다. 고를 수 있는 물건의 종류는 많은 소비자 우위시대에서 소비자의 선택을 받으려면 기업도 발 빠르게 소비자의 목소리를 반영한 상품을 만들어내야겠죠? 금융 상품도 다를 바 없답니다.

"주식 종목 고르기가 너무 어려워요." "펀드는 보수와 수수료를 떼어가는 게 아까워요." 금융사는 투자자의 이런 마음을 읽어보고 그에 맞는 상품을 계속 개발해냈습니다. ETF도 그렇게 탄생한 금융 상품 중 하나라고 할까요? 개별 주식의 장점인 쉽고 빠른 매매 방식을 펀드의 장점인 분산투자와 결합했습니다. 펀드매니저의 운용보수를 줄이고 세금에 대한 혜택은 추가했습니다. 바로 그것이 ETF입니다.

ETF(Exchange Traded Fund)는 상장지수펀드입니다. '지수'를 거래소에 '상장'한 '펀드'라는 뜻이죠. 개별 종목이 아닌 특정 지수를 추종하며 운용되지만 주식처럼 거래를 할 수 있다는 것이 가장 큰 특징입니다. 지수에 연동되어 수익률이 정해진다는 점, 그리고 소액으로 다양한 기업에 투자할 수 있다는 점은 인덱스 펀드와 유사합니다. 그러나 펀드매니저를 통하지 않고 일반 주식처럼 직접 실시간 매매가 가능하다는 것이 펀드와는 다른 점이죠. ETF는 펀드보다 좀 더 빠르고 다이내믹하고, 수수료도 저렴합니다.

펀드와 주식의 장점만 모아놓은 하이브리드(hybrid)형 투자 상품이 ETF라고 이해해도 좋습니다. 그래서 주식만 하던 사람이 포트폴리오에 ETF를 편입하기도 하고, 펀드만 하던 사람이 ETF로 직접 투자에 뛰어들기도 하는 것이랍니다.

운용사는 PDF(Portfolio Deposit File)라는 바스켓에 종목들을 시가총액 순서대로 종목과 비중을 담습니다. 그리고 개인은 1CU(Creation unit)라는 설정 단위에 따라 원하는 수량만큼 거래소에서 사고 팔 수 있습니다.

그렇다면 ETF 거래는 어떤 원리로 굴러가는 것일까요? 예를 들어 A사 주식이 100만 원이고, B사 주식이 50만 원이라고 가정하겠습니다. 그 주식들을 자본금 1천만 원을 가진 C사가 A사 주식 500만 원(100만×5주), B사 주식 500만 원(50만×10주)을 샀다고 칩시다. 그리고 C사가 새롭게 주식을 10주 발행했다면? 우리는 거래소에서 C사의 주식을 시장 호가에 따라 사고 팔 수 있습니다. 겉으로는 C사 주식을 매매했지만 사실은 A사와 B사 주식을 일정 비율로 사는 것과 마찬가지겠죠? 이것이 바로 간단하게 풀어본 ETF 거래 원리입니다.

ETF의 거래 방식은 주식과 동일합니다. 시장 가격의 원리를 따르지만 만약 호가와 실질가격인 NAV(Net Asset Value: 순자산가치) 차이가 날 수밖에 없습니다. 이를 '괴리율'이라고 합니다. 괴리율 차이가 많이 생기지 않도록 LP(Liquidity Provider; 유동성 공급자)들이 호가를 내어 가격을 조정한답니다. 이러한 괴리율이 적을수록 LP의 역할을 잘하고 있다는 뜻이기에 신뢰성이 높은 ETF라고 평가합니다. 또한 ETF에서의 분배금은 주식의 배당금과 동일어로 해당 ETF가 품고 있는 주식들의 배당금을 다시 분배금이라는 이름으로 ETF에서 나눠줍니다.

ETF는 직접 사고 팔 수 있으며, 펀드에 비해 체결기간이 짧고 수수료가 낮다는 이점이 있습니다. 또한 펀드보다 여러 기업에 분산 투자할 수 있어 간편하고 리스크가 적은 편입니다.

펀드(fund) : 투자의 아웃소싱

펀드는 수익을 위해 불특정 다수인의 모금으로 운영하는 투자 기금을 말합니다. 바빠서 직접 경제 공부와 투자를 할 수 없는 분들에겐 펀드가 제격입니다. 물론 내 펀드 포트폴리오는 스스로가 리밸런싱해야 하기 때문에 전혀 경제와 담 쌓아도 된다는 의미는 아닙니다.

펀드가 좋은 첫 번째 이유는, 산업을 분석하고 기업을 고르고 금리와 국제 정세의 흐름에 민감하지 않아도 펀드매니

저가 알아서 해준다는 것입니다. 즉 나는 펀드 운용사에 보수 (fee)를 내고 내 돈을 굴려주기를 위탁했다는 의미입니다.

펀드에 가입하면 주식이나 채권의 종목 고르기, 언제 사고 언제 팔아야 할지 결정, 어떻게 계약하고 세금은 어떻게 내야 하는지 등 이 모든 것에서부터 해방입니다. 다만 우리가 펀드 매니저를 고용했으니 비용이 들어가는 건 어쩔 수 없겠죠? 요즈음은 펀드 유치를 위해 수수료 없이 보수만 받는 펀드도 많이 있으니 발품을 팔아보는 것도 좋습니다.

두 번째 이유는, 적은 돈으로 꾸준히 투자할 수 있다는 점입니다. 부동산을 알아보려면 최소 천 단위, 많게는 억 단위 이상의 자금이 필요하고, 잘 몰라 사기를 당하기도 쉽잖아요. 그러나 펀드는 적은 돈으로 적금처럼 월급통장에서 자동 이체시키기만 하면 됩니다. 더군다나 투명한 운용 보고서가 주기적으로 날아옵니다.

세 번째 이유는 좀 독특합니다. 펀드로 쇼핑의 감흥을 느낄 수 있기도 하거든요. 보통 직장인들은 내면의 공허와 마주치지 않으려고 무의식 중에 물건을 사는 행위를 할 때가 많습니다. 그래서 밤새 장바구니에 물건을 넣었다 뺐느라 잠을 제대로 못 자기도 하고, 주말에 쇼핑하러 다니느라 체력이 방전되던 경험 있으시죠? 그래서 펀드를 고르는 것으로 소비의 감정을 대체할 수 있습니다. 예를 들어 루이비통 백이 너무 갖고 싶으면 럭셔리펀드를 사면 됩니다. 특히 코로나19 이후 소비의 양극화가 심해지면서 명품주들의 주가가 많이 오르고 있습니다.

금리는 너무 낮고, 부동산에 투자할 만한 목돈은 없고, 주식은 공부할 게 너무 많아 투자를 망설이고 있나요? 그렇다면 우선 펀드로 시작해보세요. 재테크 초보자들에게는 펀드만 한 것도 없답니다.

시총이 말하는 모든 것

1995년의 우리나라 시총 1위가 한국전력이었다면, 2005년부터 현재까지의 시총 1위는 삼성전자입니다. 그런데 앞으로는 어떨까요?

주식수에 주가를 곱한 시가총액(시총)은 기업 규모를 알아볼 수 있는 가장 큰 지표입니다. 그리고 시총 상위 10위권 내에 포진해있는 기업들을 보면 시대별 산업의 변천사도 한눈에 꿰뚫어볼 수 있죠.

삼성전자와 현대차 외에는 시총 상위 10위권 내의 기업이 모두 바뀌었습니다. 과거 우리나라 경제를 이끌었던 자동차·철강·건설 등의 중화학공업 산업이 뒤로 물러나고 IT·바이오 등의 신성장산업이 자리를 차지하며 시총 상위권으로 올라섰습니다. 코로나19로 산업계의 변화는 더욱 급속히 바뀌리라고 모두 예상하고 있습니다. 이쯤에서 앞으로 10년의 시총 10위를 예측해보는 건 어떨까요?

시총 1위인 삼성전자는 코스피 전체 시총 비중의 21%를 차지하고 있습니다. 그 전에는 1980년대 말부터 1990년대 말까지 한국전력이 1위였습니다. 시총 2~4위 그룹은 지속 변화가 있었습니다. 1980년대는 금융주, 1990년대는 통신주, 2000년대는 중화학공업주 위주로 재편되었습니다.

앞으로 10년 뒤 국내 시총 10위권에 드는 기업은 어떤 게 있을까요? 일단 지금과 같은 트렌드라면 현재의 빅4인 '반도체·전기차·배터리·바이오'는 여전할 것 같습니다. 여기에 디지털 뉴딜인 BBIG(Battery, Bio, Internet, Game)에 속하는 게임 산업과 그린 뉴딜에 속하는 신재생에너지 산업이 포함되지 않을까 예상해봅니다.

"우량주를 사서 그냥 오래 묻어놓으면 돼요"라는 말, 많이 들어보셨죠? 그런데 정말 우량주를 사두기만 하면 돈을 벌 수 있을까요?

주식에서의 투자는 투트랙으로 해야 합니다. 10년 뒤의 세상에도 있을 것을 장기투자하고, 1~2년 내의 작은 트렌드에도 대응할 수 있는 투자가 필요합니다. 사서 무조건 팔지 말라는 이론은 5년 단위로 산업이 재편되는 우리 주식시장에는 잘 맞지 않습니다. 아무거나 오래 갖고 있다고 해서 가격이 오르지 않으니까요. 가치투자와 장기투자의 의미를 바람직하게 해석해보는 것이 좋겠습니다.

포스트 코로나 시대에 떠오른 기업들 중 어떤 기업이 장기적으로 더 성장하며 살아남을지 고민하는 것도 좋습니다. 역사적으로 산업의 큰 패러다임이 바뀔 때 큰돈을 버는 사람들이 등장했습니다. 여러분도 그 주인공이 될 수 있습니다. 행여 주인공이 아니더라도 결코 소외되지는 않을 겁니다.

시가총액 상위 10위권 기업 변천사

	1995년	2005년	2010년	2015년	2020년
1	한국전력공사	삼성전자	삼성전자	삼성전자	삼성전자
2	삼성전자	한국전력	POSCO	현대차	SK하이닉스
3	포항종합제철	국민은행	현대차	한국전력	NAVER
4	대우중공업	POSCO	현대중공업	삼성물산	삼성바이오로직스
5	한국이동통신	SK텔레콤	현대모비스	SK하이닉스	LG화학
6	LG전자	현대차	LG화학	삼성SDI	현대차
7	현대자동차	LG필립스LCD	신한지주	현대모비스	셀트리온
8	유공	KT	삼성생명	기아차	카카오
9	신한은행	우리금융	KB금융	아모레퍼시픽	삼성SDI
10	조흥은행	신한지주	한국전력	SK텔레콤	LG생활건강

[출처: 한국거래소(우선주 제외), 1995년 5월 말, 해당년도 10월 20일 기준]

물론 경제기사를 읽는다고 모두가 주식투자에 성공하는 것은 아닙니다. 그럼에도 그냥 읽지 말고 목표를 되새기며 읽어야 합니다. 우리의 목표는 경제기사 속에서 매력적인 기업을 고르고, 경제의 흐름을 보며 지속적인 투자를 하는 것입니다. 그러기 위해서는 경제기사를 읽고 인사이트를 찾는 노력이 필요합니다. 그 노력은 꾸준함의 힘에서 일차적으로 찾을 수 있습니다. 꾸준함의 힘으로 축적된 지식은 자신도 모르는 사이 대단한 결과물을 만들어낼 수 있습니다. 그 과정은 참으로 지난하고 고통스럽습니다. 수년씩 걸리는 게 당연하니 조급하게 생각하지 말고 차근차근 오늘의 기사를 읽고 인사이트를 키워나가봅시다.

경제기사를 읽으면 투자할 기업이 보인다

"어떤 기준으로 기업을 고르나요?"

"어떻게 그렇게 오래 갖고 계셨나요?"

"지난번과 달리 왜 이번에는 이렇죠?"

매력적인 기업을 골라 오래 투자하는 것은 주식투자의 기본이자 정석입니다. 하지만 우리는 언제나 '너만 알려준다'는 정보에 얇은 귀가 팔랑이고, 매시매초 시시각각 바뀌는 주가에 과잉 반응합니다. 그리고 수학처럼 무언가 패턴이 있을 것이라는 생각에 자꾸 과거에서 인과관계를 찾아 공식을 만들려고 합니다.

이럴 때는 기업의 본질을 다시 분석해보세요. 특별한 사건 없이 불확실성이라는 이유로 거시경제는 갈팡질팡할 때가 있습니다. 이때는 방향성만 알고 주가의 장단에 맞추지 않아도 괜찮습니다.

테슬라·카카오·쿠팡, 계속 달릴까…코로나 시대 주식전략

〈매일경제 2020. 9. 2〉

코로나19가 카카오, 네이버 등 인터넷 기업의 가치를 급부상시키는 계기가 됐다고 진단했다. 비대면 활동이 대세로 자리 잡으면서 전자상거래, 핀테크, 콘텐츠 분야에서 사업을 펼치는 인터넷 기업 매출이 늘어났기 때문이다. 안 연구위원은 "인터넷 업체들은 코로나19로 사람들의 생활 패턴이 바뀌면서 상당한 혜택을 받았다"며 "온라인 활동 증가로 인터넷 서비스 트래픽이 늘어났을 뿐 아니라 콘텐츠 소비, 온라인 쇼핑도 동반 급등해 인터넷 기업 경쟁력이 높아졌다. 코로나19 이전부터 이어져오던 변화라는 점에서 인터넷 기업의 온라인 매출은 앞으로도 늘어날 것으로 보인다"며 인터넷 기업의 지속적인 선전 가능성을 시사했다.

분석 ▶ 코로나19 사태 이후 세상이 달라졌습니다. 지금까지와는 다른 눈으로 산업과 기업을 관찰해야 합니다. 물론 언젠가 코로나는 끝이 나겠지만 한번 바뀐 우리의 생활방식과 사고는 다시 이전으로 돌아가기 어려울 거예요. 언택트, 디지털 트랜스포메이션, 스마트 헬스케어 등 포스트 코로나 시대에 맞는 기업을 경제기사 속에서 찾아봅시다.

미래를 꿈꾸고 지금에 충실한 기업

사람들은 경제기사를 비판적 사고 없이 신호로 해석하며 단기투자를 하고 싶어 합니다. 그래서 기사에 뜬 소식은 곧장 실검으로 이어지고 오전 9시 주식시장의 오픈과 동시에 거래량이 폭발적으로 늘어나는 모습을 종종 볼 수 있습니다.

이런 즉각적인 행동들은 인간의 DNA에 녹아 있는 본능 때문입니다. 우리는 단기 보상을 좋아하고 무리 안에서 편안함을 느낍니다. 초등학교에 다닐 때 시험 100점을 받으면 부모님께서 뭐 사준다 했을 때 공부가 더 잘 되지 않았나요? 중학생 때 친구들과 똑같은 추리닝 바지와 점퍼를 입고 거리를 걸을 때 더 친해진 기분을 느꼈던 기억도 있습니다. 이렇게 자랐던 우리들, 주식투자는 달랐을까요? 보상 욕구와 손실 걱정 사이에서 매도와 매수를 반복하며 눈앞의 즉각적인 보상을 원합니다.

그 결정도 혼자는 어려워합니다. 누가 사면 우르르 따라 사고, 누가 팔면 우르르 매도합니다. 그래서 모멘텀에 올라타기도 하고, 폭락장에 멘붕을 겪기도 합니다. 하지만 투자라는 것은 인간의 본능을 극복해야 성공할 수 있습니다. 본능에 충실하려다보면 투자가 너무 피곤해집니다. 우리는 본업도 있고, 생활도 있어 매일 주식창만 붙들고 있을 수는 없거든요.

저는 5년 뒤, 10년 뒤의 제가 지금의 저에게 말을 건넨다는 상상을 해봅니다. '미래의 내가 살고 있는 세상은 어떤 곳일까? 나는 어떤 모습을 하고 있을까? 나의 라이프는 어떤 방식일까? 내가 사는 물건은 어떤 것일까? 미래의 나는 지금 나에게 어디다 투자하라고 말하고 싶을까?'

미래를 상상하고 역산하면 지금 어떤 기업에 투자할지 답이 보입니다. 미래에도 살아남을 수 있는 사업을 진행하고 있는지, 그런 일에 추진력을 더할 인재는 있는지, 경쟁사와의 격차는 어떠한지 등등을 경제기사를 통해 판단해봅니다.

이런 방법은 비단 주식투자뿐만 아니라 모든 일에서 가능합니다. 자산관리, 커리어관리, 인간관계 등을 생각했을 때도 이 방법을 추천드립니다. 결국 미래를 꿈꾸고 지금 충실한 기업을 찾아야 한다는 결론에 이릅니다.

코로나19 상황을 보면 미래학자 앨빈 토플러의 "미래는 언제나 너무 빨리, 잘못된 순서로 온다"는 말이 생각납니다. 인프라가 구축되고 디지털 전환이 된 후 올 줄 알았는데, 코로나19가 순서를 바꿔버렸습니다. 언택트, 재택근무, 디지털 학교, 무인결제 시스템 등등이 갑자기 뉴노멀이 되었으니까요. 좀 더 긴급하게 4차산업으로 산업구조가 재편되고 있습니다.

코로나19 팬데믹은 심지어 산업의 양극화까지 불러왔습니다. 되는 산업과 그렇지 않은 산업 간의 격차를 자꾸만 확대시키고 있습니다.

이렇게 구조적으로 변화하는 산업을 어떻게 판단해야 할까요? '돈이 향하는 길'이 어디인지 살펴보면 됩니다. 매일 살펴볼 수 있는 게 주식시장입니다. 코로나19 이후 급락한 주가가 회복은커녕 L자 곡선으로 꾸준히 가고 있는 기업이 있는 반면, 바로 V자 반등해 지속적으로 신고가를 경신하는 기업도 있습니다. 떠오르는 기업이 있나요?

지금부터 변화된 세상에서 꿈꾸는 기업들을 찾아볼까요? 투자에 대한 복잡한 마음을 붙들어줄 닻(anchor) 같은 기업을 경제기사를 통해서 찾아보겠습니다.

코로나19 이후에 더 강해질 기업

4차산업으로 가던 도중 코로나 팬데믹을 만났습니다. 4차산업이란 단기적으로는 'AI(artificial intelligence, 인공지능)'의 등장을 의미하고, 중장기적으로는 '과학기술'의 빠른 발전으로 사회 전반의 변혁을 의미합니다.

인공지능은 방대한 양의 데이터를 학습해 기계가 인간과 같은 지적 영역의 업무를 수행할 수 있다는 점에서 기계와는 다른 차이를 보입니다. 우리는 눈앞에서 알파고가 이세돌 9단을 이기는 모습을 뚜렷하게 확인했습니다. 인간의 인지적 영역까지 기술혁신이 진입하며 일자리는 물론 산업·경제를 포함한 사회 전반의 진일보를 요구하고 있었죠.

거기에 2019년 12월 중국 우한에서 발생한 코로나19로 인해 4차산업혁명의 주요 기술들은 우리 생활 속 깊이 필요 산업으로 자리 잡았습니다. 그리고 관련 산업들은 좀 더 세분화, 집중화해 경제기사에서 인사이트를 찾도록 해야 합니다.

먼저 코로나19 이후 더 성장할 수 있는 기업인지 알아보기 위해 3가지 질문을 던졌습니다.

- 코로나19 위기를 기회로 잡은 언택트에 속하는가?
- 코로나19 이전부터 꾸준히 사업을 확장해오던 기업인가?
- 코로나19 극복을 위한 한국판 뉴딜에 속하는 기업인가?

이 질문들에 대한 답을 쓰다 보니 최종 10가지로 요약할 수 있었습니다. 기존에 전통적으로 분류하던 섹터 구분보다 좀 더 세분화했습니다. 특이한 점은 기존 전통 산업처럼 산업군 간의 벽이 존재하지 않고 서로 밀접한 관계를 가지고 협력해야 한다는 것입니다. 그 사례로 현대차그룹 정의선 회장, 삼성전자 이재용 부회장, LG그룹 구광모 회장, SK그룹 최태원회장이 서로 배터리 동맹을 맺은 걸 봐도 알 수 있죠.

'반도체, 플랫폼, 인공지능(AI), 모빌리티, 자율주행, OTT,

5G통신, 신재생에너지, 전기차·배터리, 바이오 헬스케어', 이제 경제기사를 볼 때 이 10가지 단어를 머릿속에 넣고 기업들의 오늘을 기록해보세요.

미래를 계획하고 로드맵에 맞춰 혁신하는 기업의 행보를 보면 투자하는 마음이 편해진답니다. 상황에 따라 포트폴리오 리밸런싱도 할 수가 있습니다. 지금 살짝 비싸도 미래의 모습이 뚜렷하게 그려지는 기업이라면 투자를 망설일 필요가 없죠.

어렵게 생각하지 말고 사람들이 어디에 돈을 쓸지 잘 상상해보세요. 본능을 거스르는 장기투자도 어렵지 않답니다.

10대 산업별 대표 기업·ETF 분류

산업명	기업	ETF
반도체	• 메모리: 인텔, 마이크론, 삼성전자, SK하이닉스 • CPU,GPU: 인텔, 엔비디아, AMD • AP: 애플, 퀄컴 • 클라우드: 아마존, 마이크로소프트, 알파벳, IBM, 알리바바, 텐센트, 네이버	SOXX, SMH, FTXL, KODEX 반도체, TIGER 반도체, KODEX IT
플랫폼	• 구글, 유튜브, 페이스북, 아마존, 카카오, 네이버	FLAT, TIGER 소프트웨어

인공지능 (AI)	• 마이크로소프트, 구글, 아마존, 알리바바, 바이두, 삼성전자	ARKQ, BOTZ, IRBO
모빌리티	• 제조: 현대차, 삼성전자, LG전자 • 공유: 카카오, SK텔레콤, GS칼텍스	KODEX 자동차
자율주행	• 완성차: 테슬라, 엔비디아, 현대차 • 부품: LG이노텍, 만도	KARS, EAKR, DRIV
OTT	• 넷플릭스, 유튜브, 디즈니, KT, SK텔레콤, 카카오	GAMR, PBS, KODEX 미디어&엔터테인먼트, KBSTAR 게임테마
5G통신	• 노키아, 에릭슨, ZTE, 삼성전자	FIVG, KODEX IT 하드웨어
신재생 에너지	• 한화솔루션, 현대에너지솔루션, SK디앤디, 코오롱글로벌	TAN, ICLN, QCLN
전기차 / 배터리	• 완성차: 테슬라, 현대차 • 2차전지: LG화학, 삼성SDI, SK이노베이션	KODEX 2차전지산업 TIGER 2차전지테마
바이오 헬스케어	• 바이오: 존슨앤존슨, 모더나, 삼성바이오로직스, 셀트리온 • 디지털 헬스케어: 텔라닥 헬스, 유비케어, 이지케어텍	IBB, XBI, EDOC, TIGER 헬스케어, KBSTAR 헬스케어, TIGER 의료기기
기타 소비재	• 스타벅스, 룰루레몬, 에스티로더, LVMH, 로레알, 중국중면, 중공교육과기	GLUX, PSCD, TIGER 중국소비테마

* 개별 종목에 대한 추천이 아니며, 투자 판단에 대한 최종 책임은 본인에게 있습니다.

누가 뭐래도
1등은 나야 나, 반도체

어떤 분야든지 1등은 의미가 있습니다. 우리나라 1등 산업은 반도체이고, 시가총액 1·2위 기업 모두 반도체를 만드는 기업입니다. 특히 삼성전자는 메모리 반도체 분야 세계 1위이며, 2030년에는 비메모리 분야에서도 1위를 하겠다는 계획을 발표했습니다.

현재 1등 사업의 미래 사업 계획과 전략, 업계 현황과 경쟁사와의 기술력 격차, 국가별 이해관계 등 다양한 방면의 정보를 경제기사에서 찾을 수 있어야 합니다. 그러나 어느 시대, 어느 나라에서든 1등 기업의 흐름을 꾸준히 읽다보면 저절로 돈이 보이게 마련입니다. 누가 봐도 1등이 주는 성장성과 안정성은 다른 기업들보다 훨씬 매력적이기 때문입니다.

이재용 "어려울 때 미래투자"…삼성, 파운드리에 10조 추가 투입

〈매일경제 2020. 5. 21〉

지난해 4월 이재용 삼성전자 부회장이 '2030년 시스템(비메모리) 반도체 1위에 오르겠다'고 선포한 이후 핵심 사업인 파운드리에서 기술 개발과 투자에 더욱 집중하며 속도전에 나섰다는 분석이다. 삼성전자는 21일 평택사업장 2공장 일부에 2021년 가동을 목표로 EUV 기반 파운드리 생산 라인을 구축하는 투자 계획을 발표했다. 올해 화성사업장의 EUV 전용 라인인 'V1 라인' 가동에 이어 내년에 평택 라인 가동으로 EUV 초미세 공정으로만 생산 가능한 최첨단 반도체 제품 수요에 대응하기 위해서다.

분석 삼성전자는 비메모리 반도체 분야 1위 달성이라는 목표를 천명했습니다. 특히 반도체 위탁생산인 파운드리에 기술 개발과 투자를 집중하겠다고 합니다. 이유는 인공지능, 자율주행, 헬스케어 등 4차산업 분야에 시스템 반도체 수요가 증가할 것을 예상했기 때문입니다. 시스템 반도체는 설계와 제조가 분리되는 것이 트렌드이기 때문에 제조 부분인 파운드리에서 수준 높은 기술력으로 점유율을 높이는 게 삼성전자의 전략입니다.

반도체 산업의 중요성

다양한 산업 중에서 주식투자자인 우리는 왜 반도체를 반드시 알아야 할까요? 우리나라 수출 상위 품목에는 반도체, 자동차, 석유제품, 선박 해양구조물 및 부품, 평판 디스플레이 및 센서, 자동차 부품, 무선통신기기 등이 있습니다. 최근에는 엔터테인먼트, 뷰티 등의 산업군도 다양하게 수출 품목으로 이름을 올리고 있죠. 그중 반도체가 제일 중요한 이유를 2가지 알려드리겠습니다.

첫 번째는 우리나라 수출 비중 1위이기 때문입니다. 단일 품목으로는 반도체가 2015년부터 최근 5년간 전체 수출 비중의 17%를 차지하고 있습니다. 특히 반도체 수출이 많았던 2018년에는 20.9%까지 차지했던 적도 있습니다.

두 번째는 반도체 기업이 시총 1, 2위이기 때문입니다. 삼성전자 시총은 364.7조 원이고, SK하이닉스 시총은 57.2조 원으로 두 기업의 합은 421.9조 원으로 우리나라 유가증권시장 전체 시가총액 1,621조 원의 약 26%를 차지하는 수준입니다 (2020년 10월 20일 기준).

2020년 초만 해도 이 투톱 외에는 살 게 없다는 분위기였습니다. 두 기업의 시총 합은 467조 원에 달했고, 유가증권 내 비중도 32%까지 갔었으니까요. 두 회사를 빼면 코스피가 2200

에서 1700으로 떨어진다는 계산도 있었습니다. 하지만 코로나 19 사태로 인해 반도체 의존 경제구조는 완화되는 분위기입니다. 반도체가 저조했다기보다 언택트와 바이오 헬스케어 사업이 두드러지게 상승했기 때문입니다. 그럼에도 불구하고 모든 4차산업 기술의 핵심은 반도체이기 때문에 우리는 반도체의 힘을 간과해서는 안 될 것입니다.

반도체 산업의 시작

우리나라가 처음부터 반도체 강국이었던 것은 아니었습니다. 각고의 노력으로 일본을 이기고 세계 최고 수준으로 성장한 거죠. 그 시작은 삼성전자였습니다.

1983년 삼성전자는 반도체 공장을 짓겠다고 선언했습니다. 당시 반도체 산업은 최고의 기술력을 보여주는 상징적인 산업이었습니다. 그런데 아무것도 없는 한국이 반도체를 시작한다고 하니 모두 비웃었습니다. 특히 일본은 '감히 한국이 반도체를 한다고?' 하면서 대서특필을 했다죠.

이에 굴하지 않고 삼성전자는 그들만의 방법으로 일본을 넘어서기 위한 계획을 세웠습니다. 기존의 과잉 기술을 걷어내어 원가를 낮추는 전략이었죠. 당시 개인용 PC가 나오고 전자제품 교체 주기가 점점 짧아짐에 착안해 D램 퀄리티를 제품 수명 정도로 맞춘 것입니다. 구매자가 차이를 느끼지 못하는 고성능 기술은 의미가 없다고 관점을 전환한 것이 주효했습니다. 삼성전자는 다 계획이 있었던 것이었죠. 그렇게 삼성전자는 D램 시장에서 경쟁력을 쌓아갔습니다.

이제는 확연히 일본으로부터 주도권을 빼앗아왔고, 메모리 반도체 분야 세계 1위가 되었죠. 그래서 일본은 우리 반도체 산업이 잘나가는 게 배 아팠나 봅니다. 지난 2019년 8월 결국 일본은 반도체와 디스플레이 공정 핵심 소재 3종인 고순도 불화수소, EUV(극자외선)용 포토레지스트, 플루오린 폴리이미드의 수출을 제한하며 우리나라의 경제를 흔들려 했었습니다.

이에 맞서 우리 정부와 기업은 즉각 '탈일본' 기조로 대책을 마련해나갔습니다. 소재 국산화와 일본 외 다른 국가로 공급처 대체 등의 노력 덕분에 이제 반도체·디스플레이 핵심소재 3개 품목에 대한 공급 안정화가 가능할 것으로 보입니다.

알아두면 유용한 반도체 기본 용어

잠깐, 기본적인 반도체 용어를 설명해드릴게요. 반도체 1위 국가 국민으로서 기초 지식은 알아야 하겠죠? 지금부터 설명하는 것만 알고 있어도 반도체 관련 기사는 무리 없이 이해할 수 있답니다.

Q. 반도체란 뭘까요?

A. 전기가 통하는 도체와 통하지 않는 부도체의 중간 정도 성질을 지닌 물질입니다.

Q. 메모리와 비메모리 반도체의 차이는 뭔가요?

A. 메모리 반도체는 데이터 저장을 목적으로 하는 D램, 낸드 플래시 등이 있습니다. 비메모리 반도체는 시스템 반도체라고도 하며 연산이나 제어를 목적으로 하는 CPU, 이미지 센서, 스마트폰에 들어가는 AP 등이 해당됩니다. 반도체 시장은 비메모리와 메모리가 7:3 비중이며, 비메모리 분야 1위는 인텔, 메모리 분야 1위는 삼성전자입니다.

Q. D램 반도체란?

A. DRAM(Dynamic Random Access Memory)은 쉽게 말해 동적 메모리라는 뜻입니다. 컴퓨터 내에서 전원이 켜있을 때 일시적으로 저장하는 장치를 말합니다. 컴퓨터에서 가장 중요한 반도체로 CPU(시스템반도체)와 D램(메모리반도체)을 꼽는데, 그중 하나가 바로 D램입니다. 참고로 D램 분야 글로벌 점유

율 1위가 삼성전자(43.5%), 2위가 SK하이닉스(30.1%)로 한국 기업 두 곳이 전체의 73%를 차지하고 있습니다(2020년 2분기 기준, 조사기관: 시장조사업체 트랜스포스).

Q. D램 숫자는 커질수록 좋은가요?

A. D램은 속도와 용량이 중요합니다. 컴퓨터로 작업하는 데 '클릭 → 로딩 오래 걸리고 → 화면 뜨고 → 다른 하나 클릭하고 → 로딩 오래 걸리고 → 화면 뜨면' 일 못하겠죠? 그럴 때는 D램을 최신 버전으로 교체해야 한답니다. D램이 하는 일이 정보를 불러와 처리하는 것이기 때문이죠. 작업의 효율을 높이려면 큰 용량과 데이터 처리 속도가 빠른 D램을 이용하는 것이 전력이나 공간 면에서 좋다고 할 수 있습니다. D램 명칭 표기에서는 숫자가 클수록 좋습니다.

Q. 나노(nano)는 숫자가 작아질수록 좋은가요?

A. 반도체 회로 기술의 발달로 '집적도'가 높아지고 있습니다. '집적'이란 모아서 쌓다는 의미로, 집적도가 높아지면 고용량·고성능·고효율의 제품을 만들 수 있답니다. 작은 칩 내의 회로 선폭을 좁히면 집적도를 높일 수 있습니다. 지금 이 선폭은 한 자리수 나노미터 수준까지 이르렀죠. 현재 삼성전자와 대만 TSMC만이 7나노 이하 공정 생산이 가능합니다. 인텔은 7

나노 투입 시기를 2022~2023년까지 지연할 것이라 밝혔고, 중국 SMIC는 여전히 14나노에 그치고 있습니다. 2020년 상반기 삼성전자와 대만 TSMC는 5나노 양산에 돌입했고, 2022년에는 3나노 공정 양산도 하겠다는 계획을 밝힌 상태입니다.

반도체 기업의 분류

Q. 팹리스(Fabless)는 무엇일까요?

A. 팹리스는 공장이라는 뜻의 Fab에 없다를 뜻하는 Less가 붙어 '공장이 없는'이라는 의미입니다. 팹을 건설하려면 수조 원 이상의 자본이 필요하기 때문에 반도체 제조업계에 진입하기가 쉽지 않습니다. 팹리스는 반도체칩 설계를 전문적으로 하고, 파운드리 업체에 제조 및 조립을 위탁합니다. 제조 시설은 없지만 뛰어난 아이디어와 우수한 칩 설계 기술을 바탕으로 경쟁력을 가진 비즈니스 모델입니다.

앞으로 다품종 소량 생산 형태의 반도체 주문이 늘어나면서 이를 수탁해 생산하는 파운드리 시장 규모도 함께 커질 전망입니다. 대표적인 팹리스 업체는 브로드컴(Broadcom), 퀄컴(Qualcomm), 엔비디아(Nvidia), AMD(Advanced Micro Devices) 등이 있습니다.

A. 파운드리는 팹리스로부터 반도체 설계도를 받아 생산을 전담하는 위탁생산업체를 의미합니다. 시장조사업체 트랜스포스에 따르면 2020년 3분기 파운드리 분야의 글로벌 점유율 1위가 대만 TSMC(53.9%), 2위가 삼성전자(17.4%), 3위가 미국 글로벌 파운드리(7.0%)입니다(2020년 2분기 기준).

삼성전자는 '반도체 비전 2030'의 핵심 추진 전략으로 파운드리 1위 TSMC 와의 격차를 좁히는 데 사활을 걸고 있습니다. 파운드리 후발주자인 삼성은 '비슷한 품질, 더 싼 가격'을 앞세우며 IBM, 엔비디아, 퀄컴 등을 주요 고객사로 만들고 있습니다. TSMC는 '고객과 경쟁하지 않는다'라며 종합 반도체

반도체 생태계 한눈에 보기

	설계	웨이퍼 생산	패키징, 테스트	판매, 유통
종합 반도체 기업(IDM)	■■■■■■■■■■■■■■■■■■■■■■■■■■■■■■■■■■■			
IP기업(칩리스)	■■■			
팹리스	■■■			■■■
디자인하우스	■■			
파운드리		■■■■■■■■■■		
OSAT			■■■	

[출처: 삼성반도체이야기]

업체로서, 스마트폰을 생산하는 삼성전자를 꾸준히 견제하고 있습니다. 또한 세계 5위 파운드리인 중국 SMIC는 미국 제재를 받을 것으로 예상되며, 이에 삼성전자가 수혜를 받을 수 있다는 전망도 있습니다.

Q. 종합 반도체 기업(IDM)은 뭔가를 다 종합했다는 건가요?

A. 예, 맞습니다. 종합 반도체 기업(IDM, Integrated device manufacturer)은 말 그대로 설계, 생산, 그리고 판매에 이르기까지의 모든 과정을 종합적으로 수행하는 반도체 기업을 의미합니다. 삼성전자와 인텔, SK하이닉스 등이 대표적인 종합 반도체 기업입니다.

반도체의 미래

현재 기업의 실적이 아무리 좋아도 산업군 자체가 사양화되고 있다면 주가가 계속 떨어질 수밖에 없습니다. 그러나 반도체는 미래에도 먹거리가 많고 기업 실적이 따라주기 때문에 주가 상승의 기대감이 남아 있습니다. 그래서 반도체 산업의 성장 가능성을 3가지로 종합해보겠습니다.

첫 번째, 4차산업으로 인한 반도체 수요 증가입니다. 마이크로소프트, 아마존 등 클라우드 서비스 확대와 넷플릭스, 디즈니플러스 등의 OTT 확대로 메모리 반도체의 수요가 급증하고 있습니다. 특히 코로나19 이후 언택트·재택근무 문화가 자리 잡을수록 스마트홈 기능을 수행할 수 있도록 반도체가 들어간 전자제품 수요도 늘어날 것입니다.

두 번째, 비메모리 반도체 사업 진출입니다. 반도체 전체 시장에서 비메모리 비중이 70% 이상이고, 경기 변동 영향이 적기 때문에 우리 기업들은 이 시장에 도전하고 있습니다. 삼성전자는 2019년 4월 '2030년 시스템 반도체 세계 1위'를 하겠다고 선언하며, 연구개발 및 생산시설 확충에 133조 원을 투자하고 전문인력 1만 5천 명을 채용하겠다고 밝혔습니다. 메모리 반도체 1위에 이어 비메모리 반도체 1위도 달성하겠다는 삼성전자의 의지가 돋보입니다.

세 번째, 정부 지원 확대입니다. 우리 정부도 시스템 반도체 인력양성과 연구개발(R&D) 등 인프라 지원으로 이를 뒷받침하겠다는 계획을 발표했습니다. 앞으로 4차산업의 발달로 반도체 시장은 더욱 커질 것이고, 5G와 인공지능 기술을 토대로 우리나라가 반도체강국이 되는 것은 승산이 있다고 정부가 판단했기 때문입니다.

반도체 산업의 위험과 기회

반도체의 기회는 앞으로도 계속 될까요? 5G 통신, 자율주행 자동차, 인공지능의 무서운 발달이 주도하는 4차산업이 커갈수록 반도체 시장의 전망도 밝습니다. 그런데 반도체의 위험 요소는 없을까요?

위험요소가 없는 비즈니스는 없습니다. 대한민국 반도체 산업의 리스크는 바로 중국입니다. 우리가 일본의 반도체 산업을 조금씩 빼앗아왔던 것처럼 중국도 전략적으로 반도체 산업을 육성하고 있기 때문이죠. 중국은 정부주도의 산업 지원이 막강하고, 게다가 내수를 책임질 인구수가 확보돼 있죠. 그래서 중국의 추격이 가장 큰 위험일 것입니다.

그렇다면 우리가 믿을 것은 무엇일까요? 바로 기술력뿐입니다. 그리고 소부장, 즉 소재·부품·장비의 국산화로 안정적이고 독립적인 반도체 생산 기반을 다지는 일입니다. 당연한 얘기지만 최고의 국내 기술로 가격대비 성능까지 훌륭한 상품을 만든다면 지속 생존의 가능성도 높아지니까요.

지금까지는 노동집약적으로 원가를 낮춰 시장을 선점하는 메모리 반도체 위주의 성장이었다면, 앞으로는 비메모리 반도체의 자체 개발에 힘을 써야 할 것입니다. 또한 파운드리 시장도 비메모리 반도체 시장과 함께 성장하기 때문에 팹리스 업계와의 협업도 더욱 중요해질 전망입니다.

갈 길이 많이 남았다는 건 그만큼 산업의 성장 가능성을 높게 볼 수 있다는 얘기입니다. 지금까지 잘해왔고, 앞으로도 기대되는 반도체 산업에 대해 주식투자자로서 지속적인 응원을 보내보면 어떨까요?

지금 세계는 반도체 전쟁중!

반도체 전체 시장 1위는 언제나 인텔이었습니다. 그러나 지금 그 판이 흔들리고 있습니다. 이미 2018년 9월 〈흔들리는 인텔; 인텔의 외계인들은 어디로 갔나?〉라는 보고서에서 인텔의 R&D 인력 축소에 따른 위기감이 언급되기도 했습니다.

결국 인텔이 '자사 제품을 중심으로 시장이 돌아간다'는 관성에 젖어 기술 투자를 소홀히 한 결과가 나타난 것입니다. 실제로 2015~2016년 사이에 많은 연구직원들이 AMD, 엔비디아 등으로 이직했고, 거기서 자리를 잡아 해당 기업들을 성장시켰습니다. 최근 인텔의 7나노 공정 제품의 출시와 수율 안정화가 지연되고, 외부 파운드리를 활용할 수 있음을 시사하면서 인텔 경쟁사와 파운드리 업체들의 주가가 들썩이기도 했습니다.

지금 인텔이 주춤하는 또 다른 이유는 종합 반도체 기업 (IDM)이기 때문이기도 합니다. 예전에는 반도체 설계부터 생산, 유통까지 모두 다 하는 종합 반도체 기업에서 규모의 경제가 나타났습니다. 하지만 반도체 시장이 빠르고 다양하게 변화하면서 설계에 세분화된 팹리스, 생산 기술력에만 집중 투자하는 파운드리가 더욱 경쟁력 있는 시대가 되었습니다. 오히려 동맹 관계에 있는 기업들이 서로 잘 연결하면 힘을 발휘할 수 있는 구조라 할 수 있습니다.

그래서 지금 삼성전자 반도체에 대해 다시금 생각이 필요한 시점입니다. 우리 내부적으로 '시총 1위'다, '2030까지 메모리 1위 반도체 국가로 갈 것이다'라는 슬로건만 외칠 때가 아니라는 것이죠. 비메모리 분야에서 주력으로 삼는 파운드리에서 성과를 나타내려면 TSMC와의 점유율 격차(2020년 2분기 기준 TSMC 53.9%, 삼성전자 17.4%)를 하루속히 따라잡아야 합니다.

"이 세상에 영원한 건 없다"는 말처럼 지난 20년간 코스피 시총 1위를 차지했던 삼성전자도 때에 따라서는 자리를 뺏길 수 있는 절체절명의 시기라 생각합니다. 결국 반도체 시장이 재편될 수도 있다는 걸 기억하면 좋겠습니다. 그런 의미에서 삼성전자는 현재 메모리 분야 1위에 만족하지 말고 더 커질 반도체 세계에서 1위를 목표로 해야겠습니다.

020 사람과 기업을 이어주는 곳, 플랫폼

코로나19로 인해 비대면이 뉴노멀이 되어버린 세상에서 상품이나 서비스를 구매하기 위해 플랫폼(Platform)에 접속하는 일이 부쩍 많이 늘었습니다. 갑작스럽기는 했지만 코로나19가 아니었더라도 디지털 세상으로 소비 패턴의 변화가 일어나던 시점이었습니다. 이러한 플랫폼이라 말하는 네이버, 카카오 안에서 쇼핑은 물론 은행 업무, 보험가입, 펀드 투자 등의 금융 서비스도 가능합니다.

플랫폼은 말 그대로 사람이 모이는 공간입니다. 판매자와 구매자가 서로 만날 수 있기 때문에 IT공룡이라 할 정도로 거대해졌습니다. 인터넷과 모바일 기술은 소수의 플랫폼이 오프라인 전체를 뒤흔드는 구조로 만들었죠. 그 결과 전반적으로 트래픽이 향상되며 온라인·모바일 광고 매출도 덩달아 증가합니다. 포스트 코로나 시대에는 이런 언택트 비즈니스가 더욱 보편화될 것으로 예상됩니다.

코로나가 바꾼 시총…제조업 지고 언택트 기업 부상

〈뉴시스 2020. 5. 26〉

지난해 12월 말 시총 순위는 기존 주도주인 삼성전자와 SK하이닉스에 이어 네이버, 삼성바이오로직스, 현대차, 현대모비스, 셀트리온, LG화학, 포스코, 삼성물산 등의 순이었다. 그러나 코로나19 확산으로 비대면 관련 IT 종목 기업과 바이오 업종은 급부상한 반면, 자동차와 철강 등 전통적인 제조업은 순위 밖으로 밀려났다. 특히 시총 상위권 중 대표 언택트 수혜주인 카카오와 네이버가 무서운 상승세를 보이고 있다. 카카오는 전날 8.5% 오른 26만 8,000원으로 거래를 마쳤다. 지난 22일에는 장중 52주 신고가를 또다시 갈아치우며 현대차에 이어 LG생활건강을 제치고 8위에 올라섰다.

분석 이제 시가총액 10위권 내 기업은 LG생활건강을 제외하면 반도체, 플랫폼, 바이오, 전기차 등 미래 성장산업이 차지하고 있습니다. 비대면 비즈니스 기업이 우리 산업의 주도주가 되었습니다. 최근 분기별 실적 기사를 보면 카카오와 네이버는 역대 기록을 갱신하며 비대면 열풍에 순항하고 있습니다. 과거 데이터가 미래의 수익을 보장해주지는 않지만 앞으로의 전망도 매우 밝다는 것을 알 수 있습니다.

자네들이 있어 다행이야, 카카오와 네이버

플랫폼 경제(Platform Economy)라는 말이 있습니다. 4차산업혁명인 인공지능, 빅데이터, 사물인터넷 등이 플랫폼 상에서 가치를 창출하고 경제활동을 이어나간다는 의미입니다. 그렇기 때문에 자국 플랫폼을 가진다는 것은 나라 경제에 큰 버팀목이 되어줄 수 있습니다.

이미 전 세계 플랫폼 시장은 구글, 아마존, 페이스북 등 미국의 플랫폼들이 차지하고 있습니다. 이들은 네트워크나 검색, 온라인상점으로 시작해 끊임없이 확장중입니다. 사람들은 편리함에 환호하지만 곰곰이 생각해보면 자국 경제에 대한 걱정도 점차 생겨납니다. 시대가 바뀌긴 했지만 인터넷 시대의 농토인 '플랫폼'을 둘러싸고 '디지털 소작농'으로 전락한 나라에서는 디지털세를 도입하는 등 대책을 세우는 중입니다.

우리나라에는 카카오와 네이버가 있어 얼마나 다행인지 모릅니다. 우리나라 플랫폼 비즈니스를 이끌어가는 쌍두마차인 이 두 기업은 같으면서도 다른 전략으로 영역을 넓혀가고 있답니다. 앞으로의 미래가 더욱 기대되는 두 기업들을 한 발짝 물러서서 전체 그림을 보려고 합니다. 그리고 이 두 기업의 성장을 동시대에 지켜볼 수 있는 우리가 알아야 할 플랫폼 기업이 지향하는 본질도 알려드릴게요.

인터넷종합금융 플랫폼을 지향

'금융'은 우리생활과 가장 밀접한 관계에 있습니다. 그래서 카카오, 네이버 모두 모바일 세상의 금융 플랫폼을 지향할 수밖에 없습니다.

카카오는 2017년 카카오뱅크를 만들어 이미 금융플랫폼을 향해가고 있습니다. 카카오뱅크와 카카오페이증권은 둘 다 라이선스를 받은 금융사로 금융규제 안에서 사업을 확장하고 있습니다. 카카오뱅크는 쉽고 간편하며 캐릭터도 귀여워서 카카오뱅크 가입자는 폭발적으로 증가하고 있습니다. 모바일 애플리케이션 이용자수는 1,294만 명(2020년 10월 21일 기준)을 넘어서며 전체 금융사앱 가운데 1위를 기록하고 있습니다. 10대 청소년용 '카뱅 미니'는 2020년 10월 20일 출시 하루 만에 5만 명이 넘게 가입했다고 합니다.

카카오뱅크는 출범 3년 만인 2019년에는 당기순이익 137억 원을 거두며 흑자전환에 성공했고, 2020년 상반기 당기순이익은 전년 동기 대비 371.9% 늘어난 453억 원으로 지난 해 연간 순이익 137억 원의 4배에 달하는 수치를 기록했습니다.

이제는 금융업의 메기가 아닌 공룡으로 거듭난 카카오뱅크는 기업공개(IPO)를 통한 자본확충에 나설 계획도 밝혔습니다. 카카오 자회사 중 카카오 게임즈 다음 타자로 공모에 나서는 것으로 상당히 주목받고 있습니다. 또한 카카오뱅크의 지분을 가지고 있는 카카오와 한국금융지주도 비슷한 흐름을 가져갈 것으로 예상됩니다.

네이버는 쇼핑 쪽을 먼저 공략했습니다. 국민 검색 포털답게 검색에서 구매까지 연결되는 패턴을 활용한 '쇼핑'이 주요 비즈니스 모델이었습니다. 네이버 쇼핑과 스마트스토어가 바로 그것입니다. 네이버의 2019년 온라인 쇼핑 결제액은 21조 원입니다. 약 18조 원인 쿠팡을 처음으로 추월했죠. 네이버는 커머스를 차세대 전략으로 키우기로 했습니다. 스마트스토어에 판매자들을 금융사업 및 쇼핑 검색 사업의 거점으로 활용하는 커머스 생태계를 만들어 광고와 네이버페이까지 자연스럽게 연결시켰으니까요.

이렇게 네이버는 쇼핑으로 포문을 열고 금융 쪽으로 이어가는 중입니다. 2019년 말 미래에셋과 손을 잡고 금융에 뛰어들었죠. 미래에셋이 네이버 파이낸셜에 8천억 원을 투자하고 지분을 확보하는 방법이었습니다. 네이버로서는 카카오에 밀린 금융 쪽을 따라잡기 위해서는 안정적인 인프라가 이미 구축되어 있는 곳과 손을 잡을 수밖에 없었을 것입니다. 미래에셋대우CMA네이버통장(RP)형을 내놓았고, 대출 시장에도 진출했습니다. 미래에셋대우캐피탈의 대출 상품을 네이버파이낸셜이 중개하는 방식인데, 스마트스토어 판매 등급을 신용으로 반영해 대출을 하겠다는 파격적인 시도가 돋보였습니다.

이렇게 카카오, 네이버 모두 '돈 흐름의 나들목'이 되려는 전략을 펼치고 있습니다. 당연히 기존 금융업계는 빅테크(네이버, 카카오)의 등장이 반갑지만은 않습니다. 많은 소비자들이 기존 금융사에서 주거래은행을 빅테크로 옮기는 고객 이탈 현상이 벌어지고 있기 때문이죠. 핀테크에 비해 빅테크는 플랫폼을 통해 손쉽게 금융상품에 접근할 수 있어 '기울어진 운동장'이라는 표현도 등장했습니다. 기존 금융업계는 어떤 모습으로 경쟁력을 강화해갈지도 지켜봐야겠습니다.

종합콘텐츠 플랫폼을 지향

종합 플랫폼 기업으로 지속성장하려면 자신만의 매력 있는 콘텐츠는 필수입니다. 넷플릭스가 왜 오리지널 콘텐츠에 투자금을 쏟아붓는지, 디즈니라는 콘텐츠 왕국이 얼마나 굳건한지를 보면 이를 유추할 수가 있겠죠?

하지만 카카오와 네이버가 당장 전 세계를 이끄는 영상 콘텐츠를 만드는 것은 무리일 겁니다. 그래서 차선으로 선택한 것이 바로 만화, 즉 웹툰입니다.

사실 모든 콘텐츠의 기본은 이야기입니다. 이야기에 생동감 있는 그림이 더해진 웹툰은 이야기를 나르는 좋은 방법입니다. 게다가 만화는 다른 콘텐츠로 파생되고 재생산될 수 있습니다. 전 세계를 휩쓴 마블 영화의 모태가 마블 코믹스라는 만화라는 것을 보면 알 수 있습니다.

웹툰은 네이버가 빠릅니다. 네이버가 글로벌 시장으로 나아가는 가장 강력한 무기가 웹툰이기 때문입니다. 미국 법인 웹툰엔터테인먼트 아래 한국, 일본, 중국 등에서 웹툰 사업을 진행하는 법인을 배치하는 방법으로 웹툰사업 지배구조를 개편한다고 2020년 5월 공시하기도 했습니다. 그만큼 북미 시장을 노리고 사업을 전개하고 있는 중입니다.

2019년 네이버 웹툰은 매출 1,610억 원을 기록하며 전년 722억 원 대비 2배 이상 성장했습니다. 이보다 더 고무적인 것은 전 세계 100개국에서 웹툰 플랫폼 1위를 달성하고 있다는 점입니다. 그리고 한국에서 이미 성공해서 유료 서비스가 안착되었다는 것도 좋은 시그널입니다. 지난 2020년 2분기 실적 발표에 따르면 글로벌 이용자수는 6,400만 명 이상이며, 그중 1천만 명이 북미의 이용자라고 합니다. 그리고 미국 이용자의 약 75%가 젊은 Z세대인 것은 앞으로의 성장세가 빠르고 오래 지속될 것이라는 희망이 큽니다. 어쩌면 미국 청소년들의 인생 첫 웹툰 서비스가 한국의 네이버가 될 가능성이 높다는 거죠.

네이버 웹툰이 네이버에서 차지하는 매출 규모는 아직 작습니다. 하지만 플랫폼의 생명이 콘텐츠라는 점과 전 세계 시장으로 넓힐 수 있는 확장성 측면에서 웹툰의 가능성은 매우 큽니다. 그런 의미에서 2020년 10월 네이버는 CJ와 쇼핑 및 콘텐츠 분야에서 동맹을 맺었습니다. 네이버 웹툰이 CJ를 통해 드라마나 영화로 제작될 경우 더 큰 시너지를 기대할 수 있다는 평가입니다.

카카오의 경우는 일본을 먼저 공략중입니다. 카카오 재팬의 만화 플랫폼인 픽코마가 2020년 7월 게임을 제외한 월간 앱 매출 1위를 기록했습니다. 2위는 라인웹툰이었습니다. 전체 매출에서는 네이버의 라인웹툰에서 뒤지지만 만화의 종주국이자 최대 소비국인 일본에서 상승세가 이어진다는 점이 주목할 만합니다. 그동안 카카오 비즈니스는 대부분이 국내 전용이라 '내수용'이라는 비판도 있었지만 이번 일본 픽코마의 좋은 성적으로 글로벌 매출 확대에 기반을 닦았다는 평가입니다. 이에 일본에 이어 태국, 대만으로도 빠르게 확대할 계획이라고 합니다.

지난 2020년 9월 1일에는 카카오TV가 오픈했습니다. 영상콘텐츠를 제공한다는 면에서 OTT라고 할 수 있으며, 자체 앱이 아닌 카카오톡을 통해 손쉽게 접근할 수 있습니다. 또한 월정액 구독 서비스가 아닌 무료로 이용할 수 있다는 점과

10~20분 분량의 숏폼(short-form) 콘텐츠라는 점도 차별점이네요.

카카오와는 달리 네이버는 자체 오리지널 콘텐츠 제작 계획은 없다는 입장입니다. 지금처럼 네이버는 '네이버TV'와 '브이라이브(V LIVE)'로 동영상 시장에서는 콘텐츠 유통에만 집중하겠다는 전략입니다. 그래도 업계는 향후 네이버의 자체 콘텐츠 제작 움직임을 조심스레 점치고 있습니다. 카카오와 네이버 두 회사 모두 웹툰에서 영상까지 진출을 확대하고 있는 모습이네요.

플랫폼만의 지속 가능성과 아이덴티티를 보여주려면 독자적인 콘텐츠가 꼭 필요합니다. 웹툰은 영상 콘텐츠로의 확대의 근간이 될 수 있고 영상 콘텐츠는 게임, 캐릭터 등으로도 확대 될 수 있습니다. 당연히 네이버, 카카오 모두 콘텐츠 확충에 힘을 쏟지 않을 수 없습니다.

주가는 꿈과 함께 성장을 한다

카카오와 네이버 이미 모두 주가가 연고점을 돌파하며 상승세입니다. '너무 많이 올랐다'는 우려와 '성장하는 IT산업에 기존의 정량적 평가를 대는 게 옳냐'는 소리가 나옵니다.

물론 어떤 게 정답인지는 모르겠습니다. 하지만 관점을 조금 바꿔봅시다. 5년 뒤, 10년 뒤 미래에서 지금을 내려다봤을 때 네이버와 카카오의 사업은 아마 걸음마 수준일 수도 있습니다. 그때는 어른처럼 걷고 뛰고 있겠죠?

조용히 추측하건대, 일반 기업이 플랫폼 기업을 흡수하는 일은 벌어지지 않을 겁니다. 플랫폼 기업이 다른 분야 사업을 빠르게 인수하고 있습니다. 아직 상장 안 된 카카오와 네이버 자회사들과 글로벌 현지기업과의 M&A를 보면 이들의 미래가 그려집니다. 그렇다면 지금의 플랫폼 기업의 주가는 이제 시작일 수도 있습니다.

누군가 '삼성전자를 20년 전에 샀으면 좋았을 텐데'라는 2020년의 후회는, 2030년에 '그때 카카오, 네이버를 샀어야 했는데'와 같은 말이 될 수도 있습니다. 아니 '삼성전자'가 아니라 '삼성그룹 전체'와 맞먹는 게 플랫폼일 수 있습니다. 세상의 바뀌는 모든 변화가 두 개의 플랫폼 위에 놓이게 될 것이라는 전제를 믿는다면 말이죠. 위에서 말한 전제를 발판으로 자신만의 의사결정을 내려보면 어떨까요?

021 인공지능(AI), 모빌리티, 자율주행, OTT, 5G

4차산업, 무언가 거대한 혁명이 일어나고 있다는데, 정작 우리가 제대로 아는 건 별로 없습니다. 바쁘게 살다보면 미래의 일까지 찾아 생각해보기가 쉽지만은 않죠. 그래서 미래의 영역은 경제기사로 자연스럽게 접하는 것도 좋습니다.

모르면 두렵습니다. 4차산업혁명으로 사람의 일자리를 인공지능에 뺏기고, 기계에 지배당할 것이라는 공상과학소설 이야기도 우리를 두렵게 합니다. 반대로 4차산업혁명이 인류에게 불행만을 주는 건 아닐 수도 있습니다.

토머스 모어의 『유토피아』에 나온 것처럼 우리의 삶에서 노동의 시간은 줄고 여가의 시간은 더 확보할 수 있습니다. 심지어 기술 혁명은 우리의 이동과 생활을 편리하게 해주고 즐거움을 주는 콘텐츠들도 많이 등장하고 있습니다. 이제 4차산업을 대표하는 인공지능(AI), 모빌리티, 자율주행, OTT, 5G통신을 알아볼까요?

인공지능 등 차세대 반도체 개발에 2029년까지 1조 원 투입

〈조선비즈 2020. 9. 3〉

총 예산은 1조 96억 원이다. 산업부가 2026년까지 5,216억 원을, 과기정통부가 2029년까지 4,880억 원을 투입한다. 주요 개발 기술은 ▲시스템반도체 상용화 ▲미세화 한계 극복 원자단위 공정·장비 ▲전력소모 감소·고성능 구현 미래소자 ▲AI반도체 설계 등이다. (중략) 성윤모 산업부 장관은 "시스템반도체는 우리 미래 먹거리를 책임질 3대 신산업(Big3) 중 하나"라며 "시스템반도체의 일종인 AI반도체는 디지털 뉴딜을 뒷받침하는 핵심부품으로 우리나라가 반도체 종합강국으로 도약하기 위해 고성능·저전력이 핵심 경쟁요소인 인공지능 반도체 개발에 정부뿐만 아니라 산·학·연이 더욱 힘을 모아야 할 시기"라고 했다.

분석 우리 정부도 미래산업 육성에 아낌없이 투자를 합니다. 이러한 정부 지원 강화로 상상 속 4차산업의 미래를 좀 더 가까이 끌어올 수 있을 것 같습니다. 특히 정부 주도의 한국형 뉴딜 산업에 속하는 디지털 뉴딜과 그린 뉴딜은 눈여겨보세요. 재정이 투입되고 일자리가 창출되는 분야에 속하는 기업이라면 그 가치도 점점 올라갈 수 있을 테니까요.

투자는 상상과 데이터로 하는 것

사실 투자는 상상의 영역입니다. 상상이 지나쳐 너무 멀리 가버리면 수익을 내는 데 시간이 오래 걸리고, 미래를 상상하지 않으면 돈을 불릴 수가 없으니까요. 이러한 상상력을 키우려면 어떻게 하면 좋을까요?

가장 쉬운 방법은 공상 과학 영화나 소설을 보면 좋습니다. 우리가 생각하지 못한 미래의 모습을 찾을 수 있으니까요.

의식하지 못했겠지만 경제기사로도 이러한 상상력을 키울 수 있답니다. 경제기사를 통해 기업의 제품 개발 계획이나 출시 발표, 혁신적인 기술, 신약 개발 관련 소식도 쉽게 접할 수 있기 때문입니다.

또한 라이프 스타일이나 소비 트렌드, 유통가 소식, 부동산 개발계획, 통계청 자료 등을 통해 앞으로의 세상도 상상해볼 수 있게 해줍니다. 그리고 그 진행 속도는 기업의 실적 발표 등을 보면서 확인할 수 있죠.

요약하자면 경제기사를 보면서 상상과 데이터의 간극을 좁혀 나갈 수 있답니다. 미래를 내다보는 '상상력'과 그 근거로 삼기 위해 '데이터'가 둘 다 주식투자에는 필요조건이기 때문입니다.

이 2가지 시각을 함께 가져야 하는 이유를 이해하기 쉽게 예를 들어 설명드리겠습니다. 드넓은 벌판을 바라보며 이렇게 생각할 수 있습니다. '언젠가는 이곳이 개발될 거야. 멋진 리조트와 테마파크가 들어서고, 온천까지 나온다면 대박이 날 거야. 만약 고속도로까지 뚫려서 접근성까지 좋아진다면 그야말로 최고가 되겠지.'

하지만 이 상상을 뒷받침할 수 있는 데이터가 없다면요? 도로 개발에 대한 계획은 나와 있지 않고, 게다가 그 땅을 비껴서 도로가 건설되고 있을 수도 있습니다. 조사해보니 지하에 온천은 없고, 리조트 사업 불황으로 땅을 살 기업들도 없다고 합니다. 아마 "이번 생은 글렀다"는 말이 나올 수도 있죠. 이렇게 상상력만 믿고 투자를 할 수는 없습니다. 기회비용도 생각해야 하니까요.

어떤 기업이 미래 먹거리로 어느 분야에 진출하는지, 투자는 얼마나 하는지, 관련 M&A는 어떻게 진행하는지 기사를 통해 파악할 수 있습니다. 또한 미국 라스베이거스에서 개최하는 세계 최대 IT·가전 전시회인 CES 연재기사를 통해 기업들은 어떤 미래를 상상하고 준비하고 있는지도 알 수가 있습니다. 비단 큰 전시회는 아니더라도 삼성전자나 애플 등 신제품 발표회 기사에서도 미래를 볼 수가 있죠.

이렇게 모든 투자에는 '상상력'과 '데이터'가 동시에 필요합니다. 그 둘 사이에 균형을 맞추도록 도와주는 것이 바로 경제기사입니다. 경제기사를 통해 미래를 상상할 수 있고, 팩트를 기반으로 한 데이터가 모이면 인사이트도 생깁니다. 그러면 이제 주식투자가 두렵지 않습니다.

이제 경제기사에 자주 등장하는 4차산업을 인공지능(AI), 모빌리티, 자율주행, OTT, 5G통신의 각 영역별로 함께 살펴보겠습니다.

4차산업혁명의 핵심 기술인 인공지능

인공지능(Artificial Intelligence, AI)은 스스로 학습하고 나아가 생각할 수 있는 컴퓨터 시스템을 의미합니다. 컴퓨터 프로그램이 인간의 모든 지능적 행동들을 모방하는 것으로, 4차산업혁명의 핵심 기술이죠.

2019년 7월, 손정의 소프트뱅크 회장이 청와대를 방문해 "AI, AI, AI"를 마치 주문처럼 세 번이나 외치며 강조했다고 하죠? 그만큼 미래 산업에 없어서는 안 되는 것이 인공지능인 셈입니다.

인공지능(AI) 개념 아래 머신러닝(Machine Learning, ML)은 인간의 학습능력과 같은 기능을 컴퓨터에 부여하기 위한 기술이고, 딥러닝(Deep Learning, DL)은 빅데이터를 기반으로 스스로 학습하며 판단하는 기술을 말합니다. 경제기사에서는 빅데이터와 깊은 관계를 가지고 있는 딥러닝을 자주 다뤄줍니다.

빅데이터는 사실상 인간의 움직인 동선, 활동내역, 검색한 것, 결제한 것 등 모든 일상을 데이터화한 것입니다. 빅데이터는 샘플 데이터에 비해 오류가 적어서 인공지능 학습에 매우 유용합니다. 네이버, 카카오, SK텔레콤, 구글, 페이스북 등이 빅데이터를 축적하며 동시에 인공지능에 대한 투자도 활발히 하는 중이죠.

그렇다면 왜 기업들은 데이터에 사활을 거는 걸까요? 데이터라는 식재료가 있어야 인공지능(AI)이 요리를 할 수 있기 때문입니다. 인공지능(AI)은 대상자가 배고플 때 짠하고 원하는 요리를 내놓아야 만족감을 높여줄 수 있잖아요. 그래서 더 많고 정확한 빅데이터를 기업이 확보하고 싶은 것입니다.

그렇다면 데이터를 가진 기업은 우리에게 어떤 미래를 보여줄까요? 첫째, 이커머스, 광고, 콘텐츠, 모빌리티 등 개인 맞춤형 서비스를 제안할 수 있습니다. 둘째, 검색 엔진 기반으로 광고를 추천해 매출로 이어질 수 있는 적중도를 높일 수 있습니다. 셋째, 이용자의 체류시간을 늘리기 위해 인공지능 기반 알고리즘 추천을 할 수 있습니다. 넷째, 사람들의 이동경로와 교통체증을 파악해 내비게이션도 구현할 수 있습니다.

앞으로 데이터 3법의 규제 완화로 가명 정보 활용 마이데이터(my data) 사업이 확대될 것입니다. 마이데이터는 자신의 정보를 적극적으로 관리하면서 동시에 이 정보를 신용이나 자산관리 등에 능동적으로 활용하는 서비스를 말합니다.

개인은 마이데이터를 이용해 각종 기관과 기업 등에 분산되어 있는 자신의 정보를 한꺼번에 확인할 수 있으며, 업체에 자신의 정보를 제공해 맞춤 상품이나 서비스를 추천받을 수 있다는 장점이 있죠. 빅데이터를 쓸모 있게 활용하고자 하는 시대의 흐름을 거스르지 않고 안전하게 잘 활용할 수 있어야 하겠습니다.

모바일을 넘어 모빌리티의 세상으로

모빌리티란 사람들의 이동을 편리하게 만드는 각종 서비스를 말합니다. 전통적인 교통수단에 IT를 결합해 효율과 비용, 편의성을 높이는 것이 사업의 목적입니다. 차량 공유 서비스, 플랫폼 기반의 가맹택시 사업, 전동 스쿠터와 전기 자전거 등의 라스트마일 모빌리티 사업이 현재 가파르게 성장하고 있습니다. 아직 국내에서는 기존 산업과의 사회적 이슈 해결이 남아 있지만 이미 기업들은 모빌리티 관련 신사업에 착수했습니다.

이미 업계에서는 '모바일'을 넘어 '모빌리티'의 세상으로 접어들고 있다고 합니다. 스마트폰이 생겨나면서 수많은 연관 산업이 새로 생겨났습니다. 쉽게 생각해보세요. 스마트폰 회사와 액세서리 회사가 생겨났고, 모바일에 근거한 SNS나 서비스가 생겨났습니다.

페이스북, 인스타그램, 유튜브, 페이팔, 우버, 위챗, 카카오와 같은 기업의 시작과 성장의 근본은 바로 스마트폰의 발명이었습니다. 스마트폰이 없었다면 생겨나지도 않을 회사와 서비스죠. 그리고 여러분과 저를 포함해 전 세계 사람들의 행동과 라이프스타일 자체가 모바일 중심으로 바뀌었습니다.

그리고 20여 년이 지났죠. 이젠 전기차, 자율주행, AI, 인포테인먼트(정보·오락) 모두가 이제 '탈 것' 안에서 존재하는 새로운 미래가 다가올 것이라는 것이죠.

미국 싱크탱크 리싱크엑스의 전기차 보고서 〈교통을 다시 생각하기 2020~2030(Rethinking Transportation 2020~2030)〉에 따르면 '2030년에는 미국 자가용 판매량의 80%가 줄어들 것'이라 예측했습니다. 또한 2030년경에는 이동의 95%가 수요자 주문(on demand) 방식으로 이뤄져, 휴대폰 앱을 통해 자율주행 자동차를 불러 이동이 가능한 상황이 도래할 것이라고 예측했죠.

주변을 둘러보면 아직 아무런 변화가 일어나고 있지 않은 것 같죠? 하지만 우리가 모르는 세계에서는 이미 미래를 준비하고 있습니다. 그 과정을 경제기사에서 손쉽게 확인할 수 있답니다.

자율주행 시대가 가시화되고 있다

자율주행은 말 그대로 사람이 운전하지 않고, 차가 스스로 운행하는 것을 의미합니다. 작동 원리를 쉽게 말하자면, 센서에 포착된 이미지를 실시간으로 아주 빠르게 분석해서 의사결정을 내리고 자동차를 조작하는 기술이죠.

사람의 개입 정도에 따라 자율주행 수준은 0~5레벨로 구분하는데 현재는 3레벨인 '조건적 자율주행'까지는 개발이 된 상태라고 합니다. 자율주행의 시대가 조금씩 다가오면서 우리 정부도 '레벨4 자율주행차' 상용화를 위한 1조 1천억 원 규모의 연구개발을 2021년부터 시작할 계획을 밝히기도 했습니다.

자율주행은 역시 테슬라의 CEO 일론 머스크를 빼먹을 수 없죠. 그는 2020년 7월 중국 상하이에서 개최된 세계인공지능회의 개막식에서 2020년까지 레벨5의 자율주행을 위한 기본 기능을 완성할 것이라 확신한다고 밝혔습니다.

테슬라도 처음부터 잘 나갔던 것은 결코 아니었습니다. 시험 운행을 하던 모델S에서 사망사고가 나며 그동안 자율주행 기술을 제공했던 '모빌아이'와 2017년 결별합니다. 그 후 테슬라는 엔비디아를 택하게 되고, 인텔이 모빌아이를 인수합니다. 그런데 테슬라는 2019년 4월에 자체 개발한 칩을 내세워 엔비디아와 결별하고 독자적인 자율주행 플랫폼 구축에 나섭니다. 결국 세계 최고의 자율주행 기술을 가진 2개의 회사와 일하다가 모두 결별합니다. 아마도 자율주행에 대해서는 다른 회사에 종속되지 않고 핵심기술에 대해서는 모두 하고 싶은 욕구가 컸을 겁니다.

다시 엔비디아로 돌아와봅시다. 테슬라와 결별했지만 자율주행을 위한 데이터 처리에는 엔비디아의 GPU가 사용될 수밖에 없습니다. 그리고 자율주행을 위한 AI칩셋개발과 자율주행 솔루션도 개발해서 도요타, 폭스바겐, 아우디, 볼보 등에 공급하고 있습니다.

이런 기술을 가진 엔비디아를 다른 자동차회사가 그대로 둘 리도 없습니다. 벤츠의 모기업인 다임러와도 엔비디아와 함께 자율주행 기술이 탑재 가능한 자동차의 컴퓨팅 아키텍처를 공동개발한다고 발표했습니다. 엔비디아의 자율주행 칩셋을 자동차 최초 설계 단계부터 함께 개발한다는 내용입니다.

실제 지금 세계 곳곳은 자율주행에 대한 개발과 시범운행이 시행 중입니다. 우리도 마찬가지로 2020년 7월 22일 제주도에서 '자율주행차량 시연행사'가 있었습니다. 자율주행차가 제주국제공항부터 제주공항 렌터카 주차장이 있는 왕복 5km 를 달리는 데 성공했습니다. 조금씩 자율주행 시대가 가시화 되고 있습니다.

코로나19의 최대 수혜주인 OTT 서비스

OTT는 Over The Top의 약자입니다. 예전에는 케이블TV에 가입해 셋탑 박스를 두고 콘텐츠를 접했지만, 셋탑의 '탑'을 넘 어서 케이블 없이 인터넷으로 영상을 제공 받을 수 있습니다. 대표적인 OTT 업체로는 넷플릭스, 왓챠플레이, 아마존 프라 임, 디즈니플러스 등이 있습니다. 이렇게 OTT 시장이 커지는 이유는 사람들의 여가 시간이 많아지고 있고, 미래에 자율주 행차 내에서 즐길 콘텐츠 수요 예상 때문입니다.

지금까지는 영화와 드라마 개봉 후 주문형비디오(VOD) 서 비스로 부대 수입을 벌었다고 했다면, 이제는 다른 세상입니 다. 애초에 넷플릭스가 투자해 영화를 제작하거나(영화 〈옥자〉), 영화관 넷플릭스가 투자한 것도 아닌데 영화개봉 없이 넷플릭 스에서만 개봉하는(영화 〈사냥의 시간〉) 식으로 바뀐 것입니다.

코로나로 인한 집콕 시대에 최대의 수혜주는 아무래도 OTT가 아닐까 합니다. 사람들이 모이는 영화관 대신 대형 TV

화면으로 월구독 서비스로 원하는 영상을 볼 수 있는 OTT가 빛을 보고 있습니다. 이번 코로나19 기간 동안 넷플릭스와 디즈니플러스는 신규 가입자 수가 크게 늘었습니다. 2020년 2분기 기준 넷플릭스 가입자는 1억 1,995만 명을 돌파했고, 디즈니플러스도 2019년 11월 출시 이후 가파르게 성장하며 6천만 명의 가입자를 확보했습니다.

달아오른 OTT 시장은 서로 경쟁하며 가입자수를 늘리고 있고, 다른 산업계에도 영향을 미치고 있습니다. 가장 대표적인 곳이 콘텐츠 분야로 각각의 OTT들이 자신만의(Own) 콘텐츠 차별화를 위해 많은 투자를 하고 있는 것이죠.

코로나19도 언젠가는 사라지고 사람들은 더 이상 집콕 생활을 하지 않아도 될 날이 올 텐데 OTT는 그때를 대비하려 합니다. 더 매력적인 콘텐츠로 가입자를 뺏기지 않으려고 노력하는 중이죠. 콘텐츠 시장은 더욱 뜨거워질 것으로 보입니다.

혁신 성공의 기본 바탕인 5G통신

5G는 4세대 이동통신인 LTE에 비해 속도가 20배 가량 빠르고, 처리 용량은 100배 많은 초고속·초저지연·초연결이 가능한 차세대 통신망이죠. 2019년 4월 3일 한국이 세계 최초로 5G를

상용화시키며 통신 강대국임을 전 세계에 보여주었습니다. 원래 5G는 2020년에 대중화가 되어야 하는데 인프라 구축을 못해 늦어졌습니다. 통상 10년 주기로 통신 서비스가 대대적으로 바뀌는데 코로나19로 살짝 연기된 느낌이긴 합니다.

통신시장은 디바이스의 성능 향상, 데이터 집약적 콘텐츠의 증가 등으로 인해 모바일 트래픽 양이 엄청난 속도로 증가하고 있습니다. 게다가 사물인터넷의 등장으로 트래픽 양은 더욱 증가할 전망입니다.

구체적으로 자동차, 제조업, 헬스케어, 공공안전, 미디어, 에너지·유틸리티 등 다양한 산업에서 혁신에 성공하려면 5G는 기본 바탕입니다. 마치 겨울에 꽁꽁 언 땅을 갈아 엎고 거름을 줘서 곧 다가올 봄에 농사 지을 준비를 하는 마음이라 할까요? 그래서 주요 국가들은 초고속통신망을 차세대 성장 동력으로 인식하고 5G 주파수 확보, 기술개발 및 상용화 선도를 위해 경쟁적으로 ICT(정보통신기술) 5G 인프라 구축에 앞장서고 있습니다.

2020년 9월, 삼성전자가 미국 회사인 버라이즌과 8조 규모 5G 장비 계약에 성공했습니다. 이로써 5년간 삼성전자는 버라이즌의 5G 이동통신 장비 및 네트워크 솔루션을 공급·설치·유지보수를 하게 됩니다. 이번 수주 전에서 미중 무역 제재 덕분에 화웨이가 배제되었고 노키아가 유력했으나, 최종적으로 삼성전자가 우승의 기를 잡았다는 데 의미가 있습니다. 더 좋은 소식은 반화웨이 전선으로 유럽과 인도에서도 삼성전자 5G의 영역 확대 가능성이 높아지고 있다는 것이죠.

삼성전자의 5G 장비 수주 계약으로 낙수효과를 볼 수 있다는 건 덤입니다. 5G 관련 부품사인 국내 86개 중소기업과 일자리 창출이 기대되기 때문이죠. 대표적으로 수혜를 받을 수 있는 기업은 케이엠더블유, 에이스테크, 알에프텍 등입니다. 과기정통부는 2026년 5G 관련 생산이 180조 원, 60만 명의 고용을 창출할 수 있을 거라는 전망을 내놓았습니다.

다만 5G인프라 구축이 초기 단계이고, 촘촘히 건설해야 하는 셀타워 수와 주파수 건강 문제로 빠르게 확장되지 않을 거라는 전망도 있습니다. 모바일 데이터분석기관인 GSMA Intelligence의 2019년 보고서에 따르면 미국에서 2025년 모바일 연결의 약 47%가 5G가 되고 44%는 4G를 사용할 것이라는 내용도 있어요. 그러니 너무 조급한 마음은 버리고 2025년까지 꾸준히 투자한다고 생각하시는 게 좋겠습니다.

이상으로 4차산업의 핵심 기술 5가지인 인공지능(AI), 모빌리티, 자율주행, OTT, 5G통신을 알아봤습니다. 10년 뒤, 20년 뒤 미래를 즐겁게 상상하며 경제기사를 즐기다 보면 자연스럽게 돈이 보입니다.

미래의 어느 시점에 방점을 찍고 지금부터 관련 기업을 함께 성장시킨다는 마음으로 주식투자를 해보세요. 지금 20배 오른 주식을 너무 부러워만 말고 20년 후에 20배 이상 성장할 미래 기업에 투자하며 주주가 되어 제품을 즐기는 것도 괜찮은 생각입니다.

Q. 주가가 떨어지면 매수하라는데 왜인가요?

A. 결론은 늘 같습니다. 기업의 본질에 변화가 없는데 대외적 환경으로 주가가 떨어진 상황이면 투자자에게는 매우 감사할 시기입니다. 지분을 더 늘릴 수 있는 기회니까요. 주가가 더 떨어지면 또 사는 것이죠. 즉, 세일하면 사자. 세일 폭이 커질수록 웃자. 5% 떨어졌을 때 추가매수 했는데 10% 더 떨어지면 형편껏 더 사면 됩니다. 꾸준히 본업에서 들어오는 소득을 아껴 투자금을 지속적으로 마련할 수 있다면 말이죠. 등락에 따라 울고 웃지 말고, 마음에 드는 기업이면 세일할 때 더 사는 것도 좋습니다.

022 바야흐로 이제는 신재생에너지 시대

문재인 대통령은 2020년 7월 14일 '한국판 뉴딜' 종합 계획을 발표했습니다. 임기 전반기에는 '소득주도 성장'이 정책의 중심이었다면, 임기 후반부는 바로 이 뉴딜 정책이 주요 정책이라 할 수 있겠습니다.

이번 뉴딜 정책의 핵심 키워드는 'DNA(Digital, Network, AI)'와 '탄소중립'입니다. 그리고 이 과정에서 자연스럽게 일자리를 창출하며 고용창출과 사회 안전망 강화를 추진하겠다는 전략입니다.

그중 디지털 뉴딜은 다른 파트에서 대부분 다뤘고, 그린뉴딜에 대해서만 이번 챕터에서 좀 더 알아보도록 하겠습니다. 한 줄로 간단히 요약하자면, 저탄소친환경 정책으로 그린 경제 전환을 촉진시키겠다는 방침입니다.

수소→그린뉴딜, 고단 기어 넣었다

〈머니투데이 2020. 8. 21〉

수소경제의 성공적 추진은 기후변화 대응과 경제 체질 개선이라는 두 마리 토끼를 잡을 수 있다는 확신을 갖게 했다. 정부가 코로나19 경제위기 극복을 위해 '그린뉴딜' 카드를 꺼낼 수 있었던 배경이다. 한국형 뉴딜에 포함된 그린뉴딜은 △수소경제와 함께 태양광, 풍력 등 신재생에너지를 중심으로 하는 저탄소·분산형 에너지 확산 △도시·공간·생활 인프라 녹색 전환 △녹색산업 혁신 생태계 구축 등 크게 3대 분야에 재정을 대거 투입하는 전략이다. (중략)

그린 에너지 분야엔 국비 9조 2,000억 원 포함 11조 3,000억 원을 투입한다. 재생에너지 보급을 가속화해 2025년까지 태양광·풍력 설비를 지난해(12.7GW)의 3배 이상 수준(42.7GW)으로 대폭 확대한다. 신재생에너지 사업에 직접 투자하는 지역주민에게 융자를 지원하는 '국민주주 프로젝트'를 도입해 수익이 주민에게 환원하는 이익공유 모델을 설계했다. 이외에 △스마트 그린산단(4조 원) △그린 스마트 스쿨(15조 3,000억 원) △그린 리모델링(5조 4,000억 원) 등을 투자해 코로나19로 위축된 경제 활력을 다시 끌어올리겠다는 복안이다.

분석▶ 신재생에너지에 대한 투자와 개발이 진행될 예정입니다. 인프라 구축에 막대한 비용이 들고 수익성을 검증받지 못해 지지부진했던 사업들이 정부 정책으로 활기를 띨 것으로 보입니다.

탄소가 공공의 적이 된 이유

2018년 8월 스웨덴 국회의사당 앞에서 한 소녀가 기후변화 대책 마련 촉구를 요구하며 피켓 시위를 벌였습니다. 그 이후로도 소녀는 금요일마다 학교를 빠지고 시위를 이어나가 '미래를 위한 금요일'이라는 운동이 세계적으로 널리 알려지게 되었습니다. 이 소녀의 이름은 그레타 툰베리(Greta Thunberg)입니다. 그 이후에도 트럼프와 설전을 벌이며 자신의 주장을 소리 높여 외쳤던 스웨덴의 환경운동가죠.

왜 이 소녀는 탄소를 줄여야 한다고 외쳤을까요? 지구 평균 온도는 산업혁명 이후 약 1.1도 상승했고, 그 주범이 대기 중 80%를 차지하는 이산화탄소 때문이라 합니다. 이 속도가 유지된다면 21세기 말 지구 온도는 3도 상승할 수 있다는 연구 결과가 나왔기 때문입니다. 즉 이산화탄소 배출을 줄여 지구 온도 상승을 막는 일은 결국 생존의 문제인 셈이죠.

그래서 파리기후협약은 전 세계 공조를 통해 이산화탄소 배출량을 줄이자는 취지였습니다. 다만 구속력이 없기 때문에 트럼프 대통령은 자국 셰일산업을 보호하려는 목적으로 2019년 11월 파리기후협약 탈퇴 선언을 해버렸습니다.

그러나 2020년 11월 미국 대선에서 조 바이든 대통령이 당선된다면 친환경 정책은 다시 부각될 것으로 보입니다.

글로벌 꿈을 먹고 자라는 그린 에너지

환경에 대한 경각심과 코로나로 인한 경기 부양 정책은 그린 에너지 사업에 강한 드라이브를 걸었습니다. 우리나라뿐만 아니라 유럽과 미국을 중심으로 국가 전략과 대선후보의 공약에서 나타나고 있습니다.

유럽은 화석연료 중심의 에너지 구조를 빠르게 개혁하기 위해 탄소세·탄소배출권 제도를 강화시키고, 신재생 발전 확대 및 수소 경제로의 전환을 위한 지원책도 보완하고 있습니다. 또한 코로나19로 인한 경기 침체를 극복하기 위해 대부분의 국가들이 그린뉴딜을 선택했습니다. 지구도 살리고, 대규모 국가 산업으로 고용도 늘리기 위한 목적도 있습니다.

우선 미국은 2021년까지 태양광 수요가 성장하며 수소 충전용으로 태양광 발전이 급증할 가능성이 높습니다. 또한 태양광발전 설치수요가 늘어나면서 태양광의 간헐성을 보완해줄 에너지 저장장치 수요도 함께 늘어날 수 있습니다.

우리나라도 저탄소 태양광 관련 R&D 및 설비 투자 사업이 대규모로 진행될 것이며, 가구당 태양광설비 설치비 지원 등 실질적인 수요 확대를 위한 계획도 포함되어 있습니다. 또한 탄소 배출이 없는 신재생에너지 차량에 대한 지원사업도 있습니다. 우선 택시와 버스부터 전기·수소차로 바꾸고 오래된 경유차는 폐차시킬 수 있도록 돕는 정책도 있습니다.

이렇게 대대적인 규모의 투자 계획이 나오면 그린 에너지는 테마주로 갈 가능성이 높습니다. 가능한 대형 우량주 위주로 서서히 투자하면 좋겠습니다. 잘 모르는 상황에서 급등이 예상되는 기업에 무리하게 투자하는 것은 금물입니다.

One Point lesson!

Q. 미국의 친환경 정책은 어떤 게 있나요?

A. 바이든 대통령은 청정 인프라 투자 계획을 선거 공약으로 발표했었습니다. 그는 기후 변화에 관심이 많고 기후 위기 국면을 인식하고 있기 때문에 선거에 당선되면 파리기후협약 재가입을 시사하기도 했었죠. 2021년부터 4년간 청정 에너지 인프라 구축에 2조 달러를 투입하며 100만개의 고용을 창출하고 2035년까지 전력부문 탄소배출 제로를 선언했습니다. 또한 자동차 업계에는 친환경 자동차 생산 인센티브와 전기차 구매자에게도 인센티브 제공을 약속했습니다. 이제 미국은 새로운 친환경 시대를 열어갈 것이라는 것을 알고 투자에 참고하시면 좋겠습니다.

내연기간 자동차가 점차 사라지고 있습니다. 미세먼지와 지구 온난화의 주범이었던 화석연료를 사용하는 자동차 대신 전기를 사용하는 전기차로 갈아타는 것은 이제 거스를 수 없는 대세입니다.

그중 전기차는 미래차 시장의 핵심으로 꼽힙니다. 배출가스가 전혀 나오지 않는 완전무결한 차량인데다 풍부한 전기에너지를 바탕으로 자율주행기술을 얹기도 쉬워서이죠. 적극적으로 전기차 시대를 맞이하고 있는 곳은 유럽과 중국, 미국입니다. 가장 대표적인 기업으로는 완성차로서 테슬라가 있고, 배터리 기업으로는 LG화학이 있습니다.

물론 전기차 시대로 가기까지는 전기차 충전소 등 인프라 구축도 병행되어야 할 것입니다. 각국 정부는 전기차 사용이 편리해질 때까지는 지원금을 보조해주면 전기차 시장 확대에 나설 것으로 보입니다.

"전기차 판매 2036년 내연차 앞지른다"…변수는 저유가

〈한겨레신문 2020. 9. 3〉

블룸버그의 전망에서 신차 판매 기준으로 흥미로운 시점은 2036년이다. 이 해에 글로벌 승용차 신차 판매 점유율에서 전기차와 내연차가 50%씩 분점(1% 안팎으로 점쳐지는 수소차 제외)하게 되고, 이후엔 전기차가 내연차를 앞서가는 '특이점'이 나타날 거라고 예측한 셈이다. 전 세계에서 전기차 수요를 이끌고 있는 정책·제도 및 기술적인 힘은 물론 크고 강력하다. 전 세계 13개국 31개 도시·지역이 화석연료 자동차를 시장에서 단계적으로 축출하는 환경규제 정책을 펴고 있고, 독일·프랑스 등 유럽연합(EU) 중심으로 내년 말까지 전기차 보조금을 1대당 7천~9천유로까지 대폭 높일 예정이다. 하지만 코로나 사태와 저유가 역시 가볍게 볼 '저항력'이 아니다.

분석 전기차·배터리 관련주에 객관적인 시각을 가져볼 수 있는 기사입니다. 전기차가 점차 확대되는 게 확실한데 그 속도는 조절될 수도 있겠다는 내용입니다. 이유는 저유가와 가계소득 감소로 볼 수 있겠네요. 코로나19로 인해 가계 소득이 감소된 상태에 저유가 트렌드라면 굳이 급하게 전기차로 갈아탈 이유가 없기 때문입니다. 하지만 2040년에는 5,600만 대를 돌파할 것으로 전망한 기사도 있었습니다. 그때가 되면 승용차의 57%, 전 세계 승용차의 30% 이상이 전기차가 될 것이라 합니다(블룸버그 〈2019 전기차 전망〉 보고서).

전기차를 부르는 이름도 다양해

예전에는 대부분 내연기관 자동차였기 때문에 자동차를 뜻하는 영어약자에 관심이 없었습니다. 하지만 요즈음은 친환경 자동차가 다양하게 개발되고 있어 기사에 생소한 영어약자가 자주 등장합니다.

전기차를 부르는 이름을 간단하게 정리해드릴게요. 영어 약자라서 생소하긴 하지만, 용어를 익히면 경제기사 읽기에 속도가 붙는답니다.

① ICE : 내연기관차

ICE(Internal combustion engine)는 화석연료인 가솔린이나 디젤 엔진으로 움직이는 자동차를 말합니다. 우리가 도로에서 볼 수 있는 대부분의 차입니다.

② HEV : 하이브리드 전기차

하이브리드는 2가지 기능이나 역할이 하나로 합쳐져 있다는 뜻입니다. 그래서 하이브리드 자동차(Hybrid Electric Vehicle)는 내연기관 자동차와 전기차를 하나로 합친 차라고 할 수 있습니다.

③ PHEV : 코드도 있는 하이브리드 전기차

PHEV(Plug in HEV)는 배터리 용량을 늘려 HEV 전기차 모드의 주행거리를 개선했는데 이것이 바로 HEV 전기차와의 차이점입니다. 배터리가 어느 정도 소모될 때까지 전기차 모드로 주행한 후 하이브리드 모드로 전환됩니다. 배터리는 HEV 전기차와 같이 고속 주행을 통해서 충전할 수 있으며, 외부 플러그를 통해서도 충전할 수 있습니다.

④ BEV : 전기차

BEV(Battery Electric Vehicle)는 100% 배터리에 의지해 모터가 작동합니다. BEV 전기차는 연료 주입 방식이 아닌 배터리 충전이기 때문에 오염물질 배출이 없습니다.

⑤ FCEV : 수소연료전지차

FCEV(Fuel Cell Electric Vehicle)는 수소와 산소의 화학반응으로 전력을 생산해 배터리를 충전하고, 충전된 배터리를 통해 모터를 작동시켜 주행하는 전기차의 일종이라고 할 수 있습니다. 전력을 직접 생산해 배터리를 충전하기 때문에 일시적인 충전이 가능한 소형 배터리로 충분합니다. 다음으로는 공기흡입을 위한 슈퍼차저(Supercharger) 모터가 장착되어 있는데, 수소는 산소와 화학반응으로 에너지를 얻기 때문에 슈

퍼차저를 이용해 산소를 공급해야 합니다. 이러한 과정을 통해 배기구에서는 순수한 물이 나오게 되어 궁극의 친환경 자동차로 불리고 있습니다.

2017년 6월부터 모든 전기자동차와 수소연료전지 자동차(하이브리드 자동차 제외)는 파란색 번호판으로 변경되었습니다. 번호판은 연한 파란 바탕색에 태극문양, 전기차 모형 픽토그램과 글자표기(EV: Electric Vehicle)가 배치되어 있는 모양인데, 본 적 있으세요? 아마 무심코 지나쳤을 겁니다.

앞으로 길에서 더 많은 파란색 번호판이 보이기를 기대하겠습니다. 참고로 전기자동차라 하더라도 노란색 번호판을 달고 운행하는 택시 등 사업용 자동차(렌터카는 부착 대상)는 이용자들에게 혼동을 줄 우려가 있어 제외되었다고 합니다.

배터리가 필요 없는 수소전기차

수소차란 어떤 차일까요? 정확하게는 수소전기차입니다. 즉 전기차와 반대 개념이 아니라 전기차의 한 종류입니다. 일반 전기차처럼 충전 방식이 배터리 탑재가 아니라 셀프 발전기를 장착했다고 할 수 있죠. 수소를 연료로 전기를 만들어서 운행하기 때문입니다.

수소와 산소를 화학 반응시켜서 전기를 만들어내는 '연료전지'가 엔진과 같은 핵심적인 역할을 합니다. 수소와 산소가 만나면서 만들어내는 것은 전기와 물, 약간의 열뿐입니다. 이산화탄소와 미세먼지 같은 공해 물질은 전혀 배출하지 않는 장점이 있죠.

또한 수소차는 연비도 좋습니다. 1km 주행시 가솔린 112.4원, 디젤 79.2원, 수소전기차 72.7원(가솔린·디젤 가격 2020년 6월 19일 전국 평균 기준, 현대차 가솔린 1.6터보 SUV와 디젤 2.0 SUV 공인 연비 기준, 출처: HMG저널).

그러나 수소차는 무겁습니다. 차체에 발전기를 넣고 달려야 하니 에너지 효율이 떨어지는 부분이 있습니다. 그래서 대형트럭이 좀 더 수소차에 어울리는 제품입니다.

유럽연합(EU)은 수소 에너지 시대를 활짝 열었습니다. 750억 유로(약 101조 6,670억 원) 규모의 중장기 수소전략을 발표했습니다. 오는 2050년까지 EU의 탄소중립을 목표로 에너지 시스템을 재생 가능한 수소연료로 통합하겠다는 게 주요 골자였는데, EU는 수소경제를 매우 공격적으로 추진하고 있다는 것을 알 수 있었습니다.

우리 정부도 2030년까지 수소차 85만 대, 수소충전소 660기를 확충할 계획입니다. 대형화물차와 중장거리 버스까지 보급 차종을 늘리고, 구매 보조금도 확충한다는 계획을 가지고 있습니다.

이에 우리나라의 현대차도 수소 경제에 대비한 연구 개발을 지속해왔고, 수소트럭을 유럽에 수출하기도 했습니다. 전기차는 이미 성숙 단계로 가고 있고, 수소차는 이제 시작단계로 현대차·혼다·도요타 등 3곳만 나서고 있다는 상황에서 현대차가 세계 최초로 수소트럭 상용화에 나선 것입니다.

이상으로 수소경제와 수소차에 대한 개괄적인 흐름을 짚어보았습니다. 산업전반의 패러다임이 바뀌는 중요한 시기에 각국 정부들이 어떤 정책을 펼치느냐에 따라 국가 경쟁력은 큰 차이가 날 수 있습니다.

기업은 내연기관차에서 번 돈으로 친환경차에 투자하고, 정부는 유류세로 번 돈으로 친환경차를 위한 미래 씨앗을 뿌리고 있는 중입니다. 마치 우리가 오늘 번 돈을 모아서 미래의 노후를 준비하는 것과 마찬가지의 순리이네요.

우리 기업과 정부는 스스로의 강점을 알고 정책을 추진해가고 있다는 게 결론입니다. 수소차를 넘어 수소경제에 우리나라가 선진국이 되고, 우리 기업이 선두를 달릴 수 있기를 기대해봅니다.

배터리는 우리 기업 3총사가 잘나가!

배터리는 요즘 "내가 제일 잘 나가"라고 말할 수 있는 몇 안 되는 산업 중 하나입니다. 앞으로는 우리나라 산업지도에서 배터리가 반도체를 대체할 수도 있을 거라는 말도 있습니다. LG화학, 삼성SDI, SK이노베이션이라는 큰 배터리 기업을 보유한 배터리 강국의 국민으로서 꼭 알아야 할 배터리 상식과 최근 기사들을 살펴보려 합니다.

왜 우리 기업은 배터리 사업에 진출했을까요?

각국 정부의 환경 규제 강화에 따라 완성차 업체들은 전기차 출시 비중을 높이고 있습니다. 따라서 중대형 2차 전지 업체들의 수주 증가도 본격화되고 있죠.

앞으로 10년을 바라봤을 때 코로나19로 다소 주춤해지기는 했지만 2020년을 배터리 확산 원년으로 보고 있습니다. 가솔린·디젤 등 내연기관차의 시대가 저물고 전기차·수소전기차 등 미래차 시장이 열리는데, 전기차 부품 가운데 가장 핵심 부품이고 단가가 높은 것(제조 원가의 40% 수준)이 바로 배터리입니다.

우리 배터리 3사가 차지하는 글로벌 점유율은?

특히 우리나라의 LG화학이 2020년 상반기 파나소닉을 제치고 글로벌 전기차 배터리 점유율 순위에서 1위를 기록했습니다. 삼성SDI와 SK이노베이션도 각각 4위와 6위를 차지해 3사 모두 10위권 안에 이름을 올렸다는 게 대단한 일입니다 (2020년 2분기 기준).

그 이유는 전기차 수요가 빠르게 회복되고 있기 때문입니다. 2020년 6월 글로벌 전기차 판매는 지역별로 차이가 있었습니다. 아직 미국(6.0만 대, YoY -22%)과 중국(12.9만 대, YoY -17%)은 역성장을 지속하고 있는 가운데, 유럽은 15.4만 대 판매량을 기록하며 전년동월대비 31% 성장했습니다. 특히 유럽의 BEV와 PHEV 판매량이 전년동월 대비 각각 35%, 170% 성장했습니다. 비교적 유럽 비중이 높은 우리나라 배터리 3사가 그 수혜를 입었죠. 앞으로 유럽 시장 수요의 회복과 더불어 배터리 출하량이 지속 증가할 전망입니다.

현대차의 K-배터리 동맹 배경은 뭘까요?

현대차는 이미 LG화학, SK이노베이션 등으로부터 전기차용 배터리를 공급받는 중입니다. 현재 현대차의 전동화 모델은 LG화학 배터리가 주류이고, 기아차는 SK이노베이션이 대부분입니다. 여기에 삼성SDI와도 협력관계를 갖기 위해 정의선 현대차그룹 회장은 이재용 삼성전자 부회장을 만났습니다. 비로소 한국 산업의 미래 성장 동력을 위해 삼성·현대·SK·LG 등 재계 '빅4'가 동맹을 맺으며 K-배터리 동맹이 결성되었습니다. 이제 현대차는 전기차 시장에 누구보다 든든한 아군들을 포섭해둬 안정적인 배터리 공급 루트를 확보했습니다.

요약해보겠습니다. 2020년 3분기부터는 유럽을 필두로 미국과 중국 전기차 판매량도 상승할 것으로 보입니다. 다행히 유럽 위주 판매선이었던 국내 배터리 3사는 빠르게 글로벌 시장 점유율을 높여갔고, 테슬라가 파라소닉과 이별하며 LG화학이 수혜를 입었습니다. 하지만 중국의 CATL이 저가를 무기로 유럽 시장을 공략하고 있는 것과 테슬라가 배터리 자체 생산에 도전하고 있다는 것을 리스크로 볼 수 있습니다. 그러나 배터리의 기술력이 하루아침에 되는 게 아니라는 점에서 우리나라의 3사가 앞으로 몇 년은 세계시장에서 경쟁력을 유지할 수 있을 것으로 보입니다.

코로나로 더 바빠진
바이오 헬스케어

전 세계를 팬데믹에 빠트렸던 코로나19의 끝이 보이지 않습니다. 이젠 포스트(post) 코로나가 아닌 위드(with) 코로나로 생각하며 살아야 할지도 모른다는 얘기도 나오고 있으니까요. 코로나19 팬데믹에 대처하는 각 나라 보건 의료와 방역체계는 여실히 드러났고, 신약 개발 등 의약 산업의 중요성이 부각되었습니다.

이번에는 코로나19이지만, 다음에는 또 어떤 감염병이 올지 모른다는 불안감은 세계 각국의 바이오 헬스케어에서 답을 찾으려 합니다. 백신과 치료제 개발에 인력과 자금을 대거 투여하고, 언택트 의료산업도 빅데이터를 바탕으로 활발하게 진행되어가고 있습니다.

파우치, 12월에 코로나 백신 안전성 알 수 있을 것

〈파이낸셜뉴스 2020. 10. 26〉

오는 12월초면 신종 코로나바이러스 감염증(코로나19)의 안전성과 효과 여부를 알 수 있게 될 것이라고 앤서니 파우치 미국 국립 알레르기 전염병 연구소 소장이 전망했다. 파우치 소장은 25일(현지시간) 영국 BBC방송과 가진 인터뷰에서 도널드 트럼프 미국 대통령이 지난 22일 대선 후보 토론회에서 연말까지는 백신이 준비될 수 있을 것이라고 한 발언이 맞다며 확인했다.

그러면서 "문제는 안전하고 효과적이냐와 1개 이상의 백신 출시 여부, 또 필요한 사람들에게 얼마나 빨리 제공하느냐"라고 말했다.

분석 ▶ 코로나에 맞서기 위해 인류는 백신과 치료제 개발에 뛰어들었습니다. 갑자기 바이러스에 습격당했기 때문에 더 빨리 백신과 치료제를 개발하기 위해 각 나라별로 임상 시험을 단축하거나 생략하면서 치료제 개발을 서두르고 있죠. 여기에 막대한 자금까지 투입되고 있습니다. 보통 신약 개발 과정은 동물시험인 전임상 단계부터 사람에 적용하는 임상 1·2·3까지 기간이 오래 걸립니다. 임상 실험 발표와 승인 때마다 기업 주가가 급등하고 있죠. 바이오만큼 꿈의 미래에 투자하는 분야도 없기 때문에 기사 한 줄에 주가는 출렁입니다.

생명 연장보다는 생존을 위해서

사실 그 전에도 신약 개발은 생명 연장의 꿈인 '불로장생'을 원하는 마음 때문에 꾸준히 관심이 높았습니다. 그러나 먼 미래의 일인 '생명 연장'에 투자하는 것이라 중간에 투기적 요소들이 끼어 시장에서 신뢰를 잃기도 했습니다. 임상 실험 중단, 상장폐지, 오너 비리, 주가 조작, 횡령 등의 사건이 연달아 터지면서 바이오주 중에서 옥석 가려내기가 참 힘들었습니다.

그러나 요즘은 달라졌습니다. 당장 필요한 진단키트, 백신과 치료제 개발 등의 수요와 전염병 등 위기 상황에 필수적인 원격 의료 시스템도 주목을 받고 있습니다. 바이오 의약품 생산과 신약 개발 면에서 우리나라 기업들은 이미 경쟁력을 갖추고 있습니다.

2018년 기준 바이오의약품 생산능력은 세계 2위 규모이고, 신약 기술 수출액은 5조 3천억 원으로 전년대비 4배 증가했고, 의약품·의료기기 등 수출액도 144억 달러로 전년에 비해 19% 증가했습니다. 산업전체의 기술력은 최고 기술국인 미국의 78% 수준이고, 의료기기 중 초음파영상진단기기는 세계 수출 1위, 치과임플란트는 세계 수출 5위를 기록하고 있습니다(출처 : 보건복지부 바이오헬스 산업전략 2019. 5. 22.).

다만 주식시장에서 바이오주는 제약사들의 임상 통과, 기

술 수출 계약, 위탁 생산 계약 등의 뉴스에 크게 요동치는 특징
이 있습니다. 이런 소식 하나만으로도 기업 매출이 크게 오르
기 때문에 바이오는 꿈을 먹고 자란다는 말이 있습니다.

미국 바이오산업협회에 따르면 신약 임상실험은 최종
상용화까지 평균 9.6%의 성공률을 보인다고 합니다. 2상은
30.7%, 3상은 58.1%의 성공률을 보이며, 수년이 소요되는 2상
과 3상 도중에 탈락하는 약도 수두룩하다고 하니까 바이오주
투자는 긴 호흡이 필요합니다.

백신은 어떻게 개발되는가?

코로나 이후 백신 개발은 전 세계인들의 관심사입니다. 앞으
로도 또 다른 바이러스가 인류의 삶에 영향을 줄 수 있다는 불
안감으로 백신과 치료제에 대한 연구는 더욱 늘어날 전망입니
다. 100여 곳의 제약사에서 백신 개발에 몰두하고 있다고 합니
다. 제대로 백신으로 검증을 받으려면 어떤 조건이 필요할지
알아보겠습니다.

첫째, 중화항체가 형성되어야 합니다. 바이러스를 무력화
하는 중화항체가 생겨야 제대로 된 백신이라 할 수 있죠. 일단
모더나의 임상시험 대상자 45명은 모두 '중화항체'가 형성되

었습니다. 둘째, 중화항체가 코로나 바이러스 방어효과에 대한 상관성 입증입니다. 셋째, 생성된 상체가 얼마나 오래갈 것인지 지속성의 입증입니다. 넷째, '어떻게 양산할 것인가'입니다. 다섯째, 백신 부작용입니다. 많은 인원을 대상으로 하는 3상에서 드러나는 경우가 많다고 합니다. 여섯째, 바이러스 변이입니다. 코로나 바이러스도 계속 변이하고 있죠.

그렇기 때문에 바이오주는 "임상을 시작할 때 투자해서 3상 결과가 나오기 전에 나오라"는 말이 있을 정도입니다. 치료제는 그나마 환자에게 투여하는 것이지만 백신은 건강한 사람에게 투여하는 것이라 안전성 점검이 특히 중요하다고 합니다. 10~15년 걸릴 일을 아무리 제도를 풀어준다고 해도 1년 이내로 단축한다는 게 쉽지 않기 때문이죠.

미국 바이오업계는 코로나 관련 백신과 치료제 개발 관련 소식으로 연일 이슈입니다. 시장은 작은 희망에도 계속 크게 반응을 하고 있기 때문이죠. 몇 번 겪다 보니 우리는 경제기사에서 이런 패턴을 발견할 수 있습니다.

'뭔가 성공했다 → 그 기업 주가가 폭등한다 → 경제 제개가 빨라질 것이다 → 오프라인 관련 기업 주가도 상승한다 → 그 기업 임직원들이 주식을 팔았다더라, 데이터가 부족하다 → 뭐냐, 내부자들도 믿지 못하는 분위기인가? → 다시 주가 하락 → 임상 들어간다더라 → 다시 주가 상승'

이렇듯 바이오 관련 주가는 작은 소식 하나만으로도 온탕과 냉탕을 오갑니다. 하지만 코로나19를 누가 얼마나 빨리 잡느냐를 목표로 각국 정부 지원금까지 몰리는 상황입니다. 앞으로도 지속적인 백신·치료제 개발 이슈가 있을 때마다 동일한 현상이 반복될 것이므로 잘 지켜보는 것이 좋겠습니다.

4차산업과 만나 더 강력해진 헬스케어

헬스케어는 지금 전통적인 병원 중심의 치료 영역에서 정보기술융합으로 예측과 예방의 영역까지 가능한 '스마트 헬스케어'로 진화하고 있습니다. 스마트 헬스케어는 헬스케어와 인공지능, 빅데이터, 사물인터넷, 클라우드 등의 기술들이 융합되면서 언제 어디서나 개인이 손쉽게 건강 관리를 받을 수 있어 의료산업의 혁신으로 각광받고 있습니다. 스마트 헬스케어를 3가지 분야로 구분해 알아보겠습니다.

① 스마트 헬스케어 기기

ICT 기술과 융합된 헬스케어 기기로 의료기관에서 이용하는 기기, U헬스케어(유비쿼터스와 원격의료서비스를 활용) 의료기기, 헬스케어 사물인터넷 기기, 웰니스 기기로 구분됩니다.

여기서는 개인 맞춤형 건강관리 서비스를 위해 의료데이터에 대한 보안성, 사용자의 신뢰성 확보가 중요합니다. 의료기관에서 '진단-처치-치료'에 이용되는 ICT 기기, 원격진료를 위해 생체신호를 측정·관리하는 기기, 갤럭시워치나 애플워치가 여기에 속합니다.

② 스마트 헬스케어 서비스

기기, 인프라 등을 활용해 병원이나 관련 산업에서 서비스를 제공하는 것을 뜻하며 진료 관련 서비스, 건강관리 서비스로 다시 구분됩니다. 방대한 양의 개인 정보를 다루기 때문에 데이터 분석 기술, 의료기관과 개인 건강관리 서비스의 데이터 상호 운영을 통해 개인 맞춤형 서비스를 제공할 수 있다는 장점이 있습니다. 단점은 보안과 서비스 신뢰에 대한 이슈가 발생할 수 있다는 것입니다.

③ 스마트 헬스케어 인프라

스마트 헬스케어 관련 기기, 서비스 등을 제작·허가출시하는 데 있어 행정부터 관련법규 및 기반기술 등을 포괄합니다. 서비스 인프라는 스마트 헬스케어 서비스의 제도적 및 행정적 인프라를, 스마트 헬스케어 플랫폼 기술은 다양한 소스로부터 획득한 데이터를 통합 및 관리하고, 이를 분석해 사용자에게 제공하는 서비스까지 포함합니다.

　　스마트 헬스케어는 이제 ICT기술과의 융합을 통해 개인 맞춤형 의료정보서비스로 변화하고 있습니다. 지금 보건복지부, 산업통상자원부, 과학기술정보통신부 등은 원격의료 활성화, 고령친화산업진흥법 정비 등을 통해 스마트 헬스케어 기반을 조성하고 있습니다. 포스트 코로나 시대 비대면 의료 및 고령화 시대 진입에 따른 의료비 증가 억제, 의료 서비스 향상을 위한 스마트 헬스케어 확대는 더욱 가속화될 것으로 보입니다.

'빌게이츠 독서법'이라는 단어를 들어본 적이 있나요? 책을 잡으면 먼저 개략도를 그립니다. 쉽게 말하면 밑그림을 얼기설기 칸막이를 나누는 것이죠. 그리고 알고 있는, 알게 되는 지식들을 배치하죠. 그래야 지식이 조각이 아닌 흐름으로 남을 수 있거든요.

마찬가지로 우리도 주식시장에 속해 있는 산업과 그 안의 기업의 종류에 대해 머릿속에 개략도를 그려보려 합니다. 이 개략도는 우선 공간적 나눔 칸막이가 될 것입니다. 앞으로 여러분은 여기에 시간의 흐름에 따라 데이터를 쌓으면 됩니다.

주식시장에도 이렇게 얼기설기 칸막이를 나눕니다. 산업군에 따라 구분을 짓고, 각 칸들을 섹터 또는 업종이라 부르죠. 각 섹터의 명칭과 대표 기업을 알아두면 경제기사를 이해하는 데 요긴하답니다.

각 섹터의 명칭과 대표 기업

우리나라의 유가증권시장은 KOSPI 산업지수를 사용하고 있고, KOSDAQ은 코스닥 산업지수 업종분류를 사용하고 있습니다. 미국 증권시장은 글로벌 업종 표준인 GICS분류체계에 의해 섹터를 구분하고 있습니다. 그러나 요즘 기사나 네이버의 금융 업종 구분으로는 FICS(FnGuide) 또는 WICS(WiseFN)를 더 자주 사용하기도 합니다.

① GICS 산업분류

GICS(Global Industry Classification Standard)는 글로벌 지수 산출기관인 S&P와 MSCI가 1999년에 공동으로 개발한 증시전용 산업분류체계로서 투자분석, 포트폴리오 및 자산관리에 있어 세계적으로 가장 널리 활용되고 있는 대표적인 산업분류체계입니다.

GICS 산업분류체계는 전 세계 산업을 포괄하며 경제섹터(11), 산업군(24), 산업(69), 하위산업(158)의 4단계 계층구조로 되어 있습니다. 여기에서는 간단히 11개의 섹터에 대해서만 알아보도록 하겠습니다.

GICS 산업분류

부분	산업그룹	산업
에너지	에너지	에너지 장비 및 서비스
		석유, 가스, 소모 연료
소재	소재	화학
		건축 자재
		용기와 포장지
		금속과 채광
		종이와 임산물
산업재	자본재	우주항공과 국방
		건축 제품
		건설과 엔지니어링
		전기 장비
		복합 기업
		기계
	상업 및 전문서비스	무역 회사와 판매업체
		상업 서비스와 공급품
		전문 서비스
	운송	항공 화물 운송과 물류
		항공사
		해운회사
		도로와 선로
		운송 인프라

자유소비재	자동차 및 부품	자동차 구성요소
		자동차
	내구소비재 및 의류	가정용 내구재
		레저용 장비와 제품
		섬유, 의류, 호화품
	소비자 서비스	호텔, 레스토랑, 레저
		다각화된 소비자 서비스
	미디어	미디어
	소매	판매업체
		인터넷과 카탈로그 소매
		복합 소매
		전문소매
필수소비재	음식료소매	식품과 기본 식료품 소매
	음식료담배	음료
		식품
		담배
	가정 및 개인용품	가정용품
		개인용품
건강관리	건강관리 장비 및 서비스	건강관리 장비와 용품
		건강관리 업체 및 서비스
		건강관리 기술
	제약 및 생명과학	생물공학
		제약
		생명화학 도구 및 서비스

금융	은행	상업 은행
		저축과 모기지 금융
	기타금융	다각화된 금융 서비스
		소비자 금융
		캐피탈 시장
	보험	보험
부동산	부동산	부동산 투자신탁(REITs)
		부동산 관리 및 개발
정보기술	소프트웨어 및 IT서비스	인터넷 소프트웨어와 서비스
		IT 서비스
		소프트웨어
	하드웨어 및 IT 장비	통신 장비
		컴퓨터와 주변기기
		전자 장비와 기기, 부품
		사무용 전자제품
	반도체 및 반도체 장비	반도체와 반도체 장비
통신서비스	통신서비스	다각화된 전기통신 서비스
		무선 전기통신 서비스
유틸리티	유틸리티	전기 공익 사업체
		가스 공익 사업체
		복합 공익 사업체
		수도 공익 사업체
		독립전력 생산업체 및 에너지 거래업체

② FICS 산업분류

　기존 산업분류 체계가 유가증권시장과 코스닥시장이 서로 다를 뿐만 아니라 분류의 기준이 제품 위주라서 산업간 연계성 및 거시경제 동향이 산업에 미치는 영향을 반영하기엔 어려운 한계가 있었습니다. 그래서 국제적으로 통용되는 최신 산업분류의 기본 원칙에 입각해 국내 사업 특성에 따라 분류하고 있습니다.

FICS 산업분류

Sector(10)	Industry Group(25)	Industry(62)
에너지	에너지	에너지 시설 및 서비스, 석유 및 가스
소재	소재	화학, 건축소재, 용기 및 포장, 금속 및 광물, 종이 및 목재
산업재	자본재	건축자재, 건설, 전기장비, 복합 산업, 기계, 무역, 조선
	상업서비스	상업서비스
	운송	항공운수, 해상운수, 육상운수, 운송인프라
경기소비재	자동차 및 부품	자동차부품, 자동차
	내구 소비재 및 의류	내구소비재, 레저용품, 섬유 및 의복
	소비자 서비스	호텔 및 레저, 교육
	미디어	미디어
	유통	도소매, 온라인쇼핑, 백화점

필수소비재	음식료 및 담배	음료, 식료품, 담배
	생활용품	가정생활용품, 개인생활용품
의료	의료장비 및 서비스	의료장비 및 서비스
	제약 및 바이오	바이오, 제약
금융	은행	상업은행, 상호저축은행
	기타금융	창업투자 및 종금, 소비자 금융
	보험	보험
	증권	증권
부동산	부동산	부동산
IT	소프트웨어	인터넷 서비스, IT 서비스, 일반 소프트웨어, 게임 소프트웨어
	하드웨어	통신장비, 휴대폰 및 관련부품, 셋톱 박스, 컴퓨터 및 주변기기, 전자 장비 및 기기, 보안장비, 사무기기
	반도체	반도체 및 관련장비
	디스플레이	디스플레이 및 관련부품
통신서비스	통신서비스	유선통신, 무선통신
유틸리티	유틸리티	전력, 가스

③ WICS 산업분류

WICS(Wise Industry Classification Standard)는 당사에서 사용하는 대표적인 Sector 분류기준으로, 국제적으로 통용되는 분류 기준을 국내 실정에 맞게 재구성해 확립했습니다.

WICS 산업분류

WICS 대분류	WICS 중분류	WICS 소분류
에너지	에너지	에너지장비 및 서비스
		석유와 가스
소재	소재	화학
		포장재
		비철금속
		철강
		종이와 목재
산업재	자본재	우주항공과 국방
		건축제품
		건축자재
		건설
		가구
		전기장비
		복합기업
		기계
		조선
		무역회사와 판매업체
	상업서비스와 공급품	상업서비스와 공급품
	운송	항공화물운송과 물류
		항공사
		해운사
		도로와 철도운송
		운송인프라

경기관련소비재	자동차와 부품	자동차부품
		자동차
	내구소비재와 의류	가정용기기와 용품
		레저용장비와 제품
		섬유, 의류, 신발, 호화품
		화장품
		문구류
	호텔, 레스토랑, 레저 등	호텔, 레스토랑, 레저
		다각화된 소비자서비스
	소매(유통)	판매업체
		인터넷과 카탈로그소매
		백화점과 일반상점
		전문소매
	교육서비스	교육서비스
필수소비재	식품과 기본식료품소매	식품과 기본식료품소매
	식품, 음료, 담배	음료
		식품
		담배
	가정용품과 개인용품	가정용품
건강관리	건강관리장비와 서비스	건강관리장비와 용품
		건강관리업체 및 서비스
		건강관리기술
	제약과 생물공학	생물공학
		제약
		생명과학도구 및 서비스

금융	은행	은행
	증권	증권
	다각화된 금융	창업투자
		카드
		기타금융
	보험	손해보험
		생명보험
부동산	부동산	부동산
IT	소프트웨어와 서비스	IT서비스
		소프트웨어
	기술하드웨어와 장비	통신장비
		핸드셋
		컴퓨터와 주변기기
		전자장비와 기기
		사무용 전자제품
	반도체와 반도체 장비	반도체와 반도체 장비
	전자와 전기제품	전자제품
		전기제품
	디스플레이	디스플레이 패널
		디스플레이 장비 및 부품
유틸리티	유틸리티	전기유틸리티
		가스유틸리티
		복합유틸리티
		수도유틸리티
		독립전력생산 및 에너지거래

커뮤니케이션서비스	전기통신서비스	다각화된 통신서비스
		무선통신서비스
	미디어와 엔터테인먼트	광고
		방송과 엔터테인먼트
		출판
		게임엔터테인먼트
		양방향미디어와 서비스

산업별·기업별 칸막이를 이해했다면 이제 산업별로 특이 사항이 없는지 꾸준히 관찰합니다. 한 기업만 주가가 떨어진 것인지, 해당 산업이 모두 악재인 사건이 있었던 것인지를 확인해볼 수도 있습니다. 기사에서 확인할 수 없었던 부분을 숫자에서 확인해서 다시 찾아볼 수도 있으니까요. 또한 내 포트폴리오가 어느 쪽에 치중되어 있는지도 주기적으로 점검할 수 있답니다. 하나둘씩 귀동냥으로 기업을 늘리다보면 어느샌가 힘을 잃을 때도 있거든요.

남들이 지엽적으로 정해주는 기업명이 적힌 종이 한 장을 들고 길을 찾아 나설 것인가요? 아니면 내 머릿속에 업종별 지도를 그려두고 분석하며 길을 찾을 건가요? 이제 여러분 스스로 나만을 위한 투자 지도를 그려보세요. 그 시작은 섹터 구분이 먼저입니다.

경제기사는 결국 사람을 위한 글입니다

우리는 '이야기'를 좋아합니다. 색다른 이야기는 우리의 눈과 귀를 사로잡고, 이야기 속 캐릭터의 감정에 따라 웃기도 울기도 하죠. 바로 그 이야기의 힘이 소설, 드라마, 영화와 같은 형태로 이어져 사람들 곁에서 함께해왔습니다.

경제기사도 기사 하나가 곧 이야기라고 할 수 있습니다. 그래서 이 책의 1부 '경제기사 읽기 특강'에 '사람'이라는 단어를 넣었습니다. 저는 경제기사에도 우리가 살아가는 이야기를 담고 있다는 생각을 합니다.

사람이,

기자는 사람들의 이야기를 발제하고, 취재를 하고, 기사를 씁니다. 기사는 데스크를 통과하면 비로소 공식적으로 지면과 온라인에 게재됩니다. 기자는 객관적인 태도로 사실을 전달하고자 하지만, 정작 기사에는 기자의 해석과 언론사 기조가 묻어날 수밖에 없습니다. 이들의 수고를 거쳐 나온 기사를 저는 최대한 객관적으로 보려 합니다.

어렵고 딱딱하지만 투자 정보를 얻기에 경제기사만한 것이 없습니다. 수없이 쏟아지는 정보들 속에서 가치 있는 정보를 거르고, 최종적으로 그 가치가 사람에게 닿아도 되는 것들만 기사로 나오기 때문입니다. 특별한 검증이나 여과없이 누구나 만들어 올리는 영상들보다 좀 무겁더라도 균형감 있는 경제기사가 낫습니다.

사람을,

기사에서 사람들의 삶을 봅니다. 이건 중요하고도 어렵습니다. 숫자가 많은 기사에서 사람들의 삶을 읽으려면 사람에게 관심을 가져야 하기 때문입니다. 사람들의 삶이 모여 숫자로 정제된 경제기사를 투자의 시각으로 읽고 생각하는 힘을 기르는 것이 중요합니다.

산업의 변화, 라이프 스타일과 컨슈머, 트렌드에 관한 기사는 반드시 챙겨보는 게 좋습니다. 성장할 산업과 축소되는 산업, 새로운 소비의 주체인 밀레니얼의 행동 방식, 주52시간제와 최저임금이 미치는 영향처럼 우리 주변의 일을 숫자로 보면 투자할 곳도 보일 것입니다. 결국 경제기사를 통해 사람들의 삶을 읽고 투자 관점으로 전환해 생각하는 것, 그것이 바로 궁극적인 경제기사 읽기의 목표입니다.

사람에게,

우리는 경제기사를 통해 주식투자의 인사이트를 얻고자 합니다. 하지만 그 전에 자신의 현재를 먼저 정확히 알아야 합니다.

내가 할 수 있는 것과 없는 것, 내가 알고 있는 것과 모르는 것, 내 자산과 앞으로 모을 수 있는 자산 등에 대한 이해가 반드시 선행되어야 합니다. 그래야만 상식적이고 보편적인 주식투자를 할 수 있습니다.

자신의 상황을 무시하고 남들만 따라하거나, 경제기사에서 추천하는 모든 금융 상품과 주식들에 투자한다면 큰 사달이 날 게 너무 뻔합니다. 잘 모른 채로 위험한 상품에 투자했다가 큰 손실을 보는 분들이 많아 안타깝습니다. 먼저 자신의 성향과 자금상태를 냉정히 알고 경제기사를 읽으셔야 합니다.

다시 경제기사의 정의를 써보겠습니다. 경제기사는 '사람이 사람에 대한 이야기를 사람에게 쓰는 글'입니다. 즉 기자가 사람들의 살아가는 이야기를 독자에게 전하는 편지라고도 할 수 있습니다. 이제 조금 경제기사와 친해진 것 같으세요?

꽃이 피던 봄부터 시작했던 작업이 찬바람 부는 초겨울이 돼서야 끝이 났습니다. 이 책의 출간을 위해 애써주신 메이트북스 분들께 먼저 감사 인사를 전합니다. 그리고 불완전하고 부족한 저를 응원해주시고 기다려주시는 독자분들과 현장에서 기사 쓰시느라 수고 많으신 기자님들께도 마음속 깊이 감사 인사를 드립니다. 끝으로 항상 일을 벌이는 저를 "사랑한다" 말해주는 우리가족, 감사합니다.

아직도 전염병과 그로 인한 급격한 경제 환경 변화가 언제 끝이 날지 모르겠습니다. 그렇지만 분명 좋은 날은 올 것이고, 그러하기에 우리는 긴 터널의 끝을 준비하고 있어야 할 것입니다. 이 책이 여러분들이 답을 찾는 데 도움이 된다면 저자로서 더없이 행복할 것 같습니다. 긴 글 읽어주셔서 감사합니다!

박지수

부록 ① - 경제기사 노트 양식

투자의 퍼즐을 맞추기 위한 경제기사 분석틀을 공개합니다. 아래의 경제기사 노트 양식에 맞춰 매일 경제기사를 읽어보세요.

질문	내용
1. 기사에서 말하고자 하는 것은?	
↓	
2. 기사 내용을 구조화 해본다면?	↓
↓	
3. 기사를 읽는 데 필요한 개념은 어떤 게 있을까요?	
4. 기사를 읽고 생긴 질문은?	
5. 기사를 읽고 난 후 생각을 정리해 봅시다.	

부록 ① — 경제기사 노트 양식 작성 예시

2020년 9월 1일   매일경제

카카오TV, 카톡서 무료 시청…드라마·예능 연내 350편 제작
넷플릭스·유튜브와 차별화

카카오가 카카오톡 기반 동영상 서비스인 '카카오TV'를 오리지널 콘텐츠 서비스로 새롭게 선보였다. 원작 수급부터 제작, 배포까지 모든 과정을 아우르는 수직 계열화 구조를 갖추면서 국내 온라인 동영상 서비스(OTT)와 넷플릭스의 아성에 도전한다. 카카오는 연내까지 드라마 6개, 예능 19개 등 오리지널 콘텐츠 350편을 제작해 선보일 계획이다.

카카오의 콘텐츠 자회사 카카오M(대표 김성수)은 1일 카카오TV 오리지널 콘텐츠를 처음 공개하면서 모바일 중심 동영상 플랫폼으로 발전시키겠다고 밝혔다. 카카오TV는 카카오톡 내 '카카오TV' 채널과 세 번째 탭, 카카오TV 애플리케이션(앱), 포털 다음, 팟플레이어 등에서 무료로 시청할 수 있다. 별도 앱을 열고 닫을 필요 없이 카카오톡을 하면서 감상할 수 있고 카카오톡을 하면서 콘텐츠를 볼 수도 있다. 특히 '톡에서 보는 오리지널 콘텐츠'를 내걸며 다양한 서비스와 기능을 추가했다. 카카오톡 톡캘린더와 연동해 개별 프로그램을 알림으로 등록하면 새로운 콘텐

츠가 올라올 때마다 신속히 알려준다. 카카오톡의 가로·세로 콘텐츠 비율에 맞게 자동으로 최적화된 화면도 제공한다.

신종수 카카오M 디지털콘텐츠 사업본부장은 "넷플릭스, 유튜브 등 기존 강자들이 구축한 영역에 도전한다기보다는 아직 충분히 충족되지 않은 고객의 요구를 바탕으로 새로운 영역을 개척해 나갈 것"이라고 말했다.

신 본부장은 "모바일로 보기 때문에 더욱 재미있는 오리지널 콘텐츠를 선보이겠다"고 강조했다. 이날 카카오M은 '아만자' '연애혁명' '카카오TV 모닝' '찐경규' '내 꿈은 라이언' '페이스아이디' 등 기존에 예고한 7개 콘텐츠를 공개했으며, 중국 텐센트TV 인기 드라마를 리메이크한 '아름다웠던 우리에게' 등 향후 선보일 라인업도 추가 공개했다.

오대석 기자

제가 작성한 아래의 샘플을 참고해서 앞의 기사에 직접 형광펜을 그어보세요.

질문	내용
1. 기사에서 말하고자 하는 것은?	카카오가 카카오TV로 OTT 시장에 도전했다.
2. 기사 내용을 구조화 해본다면?	카카오톡 기반 동영상 서비스인 '카카오TV' 출시 ↓ 장점 ① 카카오톡 내에서 쉽고, 무료로 접근 가능 ② 다양한 톡서비스와 연결, 최적화된 화면 제공 ③ 오리지널 콘텐츠 연내 350편 제작 계획 넷플릭스나 유튜브 등 기존 강자가 구축한 영역이 아닌 새로운 영역을 개척해나갈 예정 ↓ 모바일로 보기 때문에 더욱 재미있는 오리지널 콘텐츠를 제작하겠다는 관계자의 말 인용
3. 기사를 읽는 데 필요한 개념은 어떤 게 있을까요?	온라인 동영상 서비스(Over the Top, OTT): 인터넷으로 영화, 드라마 등 각종 영상을 제공하는 서비스를 말한다. 원래 TV에 연결하는 셋톱박스(top) 없이 콘텐츠를 볼 수 있다는 의미에서 OTT라고 부른다.
4. 기사를 읽고 생긴 질문은?	TV로 보는 OTT가 아닌 모바일 OTT가 새롭다. 카카오가 생각하는 모바일 OTT시장으로 넘어올 타겟은 누구일까?
5. 기사를 읽고 난 후 생각을 정리해 봅시다.	카카오는 콘텐츠와 구독경제를 바탕으로한 사업을 확대해가고 있다. 어떤 사업영역을 진출하든 카카오톡이라는 플랫폼이 강력한 무기로 작용할 것이다.

부록 ② ─ 4주 습관달력

경제기사 읽기 7가지 원칙을 기억하며 4주 습관달력을 채워보
세요.

- 경제기사는 아침에 읽는다.
- 1면, 헤드라인, 사진을 먼저 본다.
- 모르는 용어는 그때그때 찾아서 이해한다.

SUN	MON	TUE	WED
/	/	/	/
신문읽기 ☐	신문읽기 ☐	신문읽기 ☐	신문읽기 ☐
소요시간 ___ h	소요시간 ___ h	소요시간 ___ h	소요시간 ___ h

←──────────────────────────────── 경제기사
1면 사진 / 헤드라인 /

/	/	/	/
신문읽기 ☐	신문읽기 ☐	신문읽기 ☐	신문읽기 ☐
소요시간 ___ h	소요시간 ___ h	소요시간 ___ h	소요시간 ___ h

←──────────────────────────────── 경제기사
금리 변동 / 금융 상품 /

/	/	/	/
신문읽기 ☐	신문읽기 ☐	신문읽기 ☐	신문읽기 ☐
소요시간 ___ h	소요시간 ___ h	소요시간 ___ h	소요시간 ___ h

←──────────────────────────────── 경제지표와 경제
통계청 자료 / 무역과 환율 /

/	/	/	/
신문읽기 ☐	신문읽기 ☐	신문읽기 ☐	신문읽기 ☐
소요시간 ___ h	소요시간 ___ h	소요시간 ___ h	소요시간 ___ h

←──────────────────────────────── 주식투자에
투자 성향 / 기업 찾기 /

- 그 날 기사 조각에서 맥락을 연결한다.
- 지난 기사 조각과 맥락을 연결한다.
- 나만의 방식으로 기록을 남긴다.
- 주식투자와 연관지어 생각한다.

	THU	FRI	SAT
	/	/	/
	신문읽기 ☐	신문읽기 ☐	신문읽기 ☐
	소요시간 ___ h	소요시간 ___ h	소요시간 ___ h

다가가기 ——————————————————→
전면 광고 / 주요 지표

	/	/	/
	신문읽기 ☐	신문읽기 ☐	신문읽기 ☐
	소요시간 ___ h	소요시간 ___ h	소요시간 ___ h

알아가기 ——————————————————→
산업 구조 / 기업 주식

	/	/	/
	신문읽기 ☐	신문읽기 ☐	신문읽기 ☐
	소요시간 ___ h	소요시간 ___ h	소요시간 ___ h

용어 이해하기 ——————————————————→
/ 표와 그래프 / 경제용어

	/	/	/
	신문읽기 ☐	신문읽기 ☐	신문읽기 ☐
	소요시간 ___ h	소요시간 ___ h	소요시간 ___ h

적용하기 ——————————————————→
기업 실적 / 사업 구조

■ 독자 여러분의 소중한 원고를 기다립니다

메이트북스는 독자 여러분의 소중한 원고를 기다리고 있습니다. 집필을 끝냈거나 집필중인 원고가 있으신 분은 khg0109@hanmail.net으로 원고의 간단한 기획의도와 개요, 연락처 등과 함께 보내주시면 최대한 빨리 검토한 후에 연락드리겠습니다. 머뭇거리지 마시고 언제라도 메이트북스의 문을 두드리시면 반갑게 맞이하겠습니다.

■ 메이트북스 SNS는 보물창고입니다

메이트북스 홈페이지 www.matebooks.co.kr

책에 대한 칼럼 및 신간정보, 베스트셀러 및 스테디셀러 정보뿐만 아니라 저자의 인터뷰 및 책 소개 동영상을 보실 수 있습니다.

메이트북스 유튜브 bit.ly/2qXrcUb

활발하게 업로드되는 저자의 인터뷰, 책 소개 동영상을 통해 책에서는 접할 수 없었던 입체적인 정보들을 경험하실 수 있습니다.

메이트북스 블로그 blog.naver.com/1n1media

1분 전문가 칼럼, 화제의 책, 화제의 동영상 등 독자 여러분을 위해 다양한 콘텐츠를 매일 올리고 있습니다.

메이트북스 네이버 포스트 post.naver.com/1n1media

도서 내용을 재구성해 만든 블로그형, 카드뉴스형 포스트를 통해 유익하고 통찰력 있는 정보들을 경험하실 수 있습니다.

STEP 1. 네이버 검색창 옆의 카메라 모양 아이콘을 누르세요.   STEP 2. 스마트렌즈를 통해 각 QR코드를 스캔하시면 됩니다.
STEP 3. 팝업창을 누르시면 메이트북스의 SNS가 나옵니다.